院士说

照亮

教育部关心下一代工作委员会 编

执笔人　唐骋华

广西师范大学出版社
·桂林·

序

十年树木，百年树人。做好关心下一代工作，关系中华民族的伟大复兴。教育部关工委成立三十周年是我国改革开放和社会主义现代化建设取得瞩目成就的三十年，也是各级教育系统关工委和广大"五老"为党的教育事业薪火相传、做出积极贡献的三十年。回眸三十年，各级教育系统关工委不忘为党育人初心，牢记立德树人使命，突出"五老"优势，为青少年健康成长做出了"独特贡献"，谱写了一曲曲离休不离岗、退休不褪色的动人篇章。

三十而立，风华正茂。值此之际，教育部关工委出版了《院士说》《工匠志》《我和我的祖国》《老校长下乡日志》《家庭教育公开课》《教育系统关心下一代课题研究成果集萃》等系列丛书。它们是三十年来各级教育系统关工委和广大"五老"急党政所急、想青年所需、尽关工委所能的一个缩影，浓缩了教育"关工人"赤诚的教育情怀、创新的工作思路、为立德树人工作永无止境的探索实践。

这里有隐姓埋名三十载、只为潜龙游四海的"中国核潜艇之父"黄旭华一生无怨无悔、与时代同行的动人故事，也有一生只做一件事的"故宫男神"王津求学求艺的心得和精益求精、耐住寂寞的"工匠精神"，院士们、劳模们在教育系统关工委组织下纷纷走进校园、走近青年学生，用自己的人生经历、真挚情感讲与祖国同成长的故事、科教报国的情怀和人生的感悟，生动感人，直击学生内心，达到了"与君一席话，胜读十年书"的教育效果。

这里有老校长们深入贫困地区帮助学校加强管理及开展教师队伍、校园文化建设的工作日志，"一个人被需要才是幸福""我们愿做贫困山区发展的隐形翅膀"，老校长们不仅把先进的教学理念、优质的教育资源送到受援地，大大提升了受援学校的办学理念、管理水平、教学水平，更是用这种大爱精神深深感染着周围的每一个人，甚至还稳住了年轻的特岗教师，提升了当地脱贫攻坚的满意度。

这里有针对新冠肺炎疫情期间出现的"疫情综合征""儿童手机、网络成瘾"等家庭教育问题开设的"家庭教育公开课"实录，"及时沟通，彼此尊重，顺势而养，乘势而行，纠偏而行""从孩子精神层面入手，让他成为一个快乐的好人"，千千万万家长们通过教育系统关工委组织的家庭教育公开课掌握了正确的家庭教育理念和科学方法。

这里有基层教育系统关工委鲜活生动的实践成果，也有将实践中积累的好经验好做法凝练升华后的理论成果，涵盖学习贯彻习近平新时代中国特色社会主义思想、关工委组织力建设、品牌活动建设、家庭教育等方方面面，凝聚了一代代教育关工人的智慧和心血，既是对这三十年探索实践比较全面的总结，更是谋划未来的工作基础。

这套系列丛书用朴实的文字记录了三十年来教育系统关工委在做什么、为什么做以及产生了什么影响，这是教育系统关工委三十年来，特别是党的十八大以来发展历程的见证和忠实记录，也是"五老"风采的集中展示。这些"故事"为守护青少年健康成长而书写，为服务社会、服务家庭而书写，为关工委自身建设发展而书写，是对过去的总结，也是教育系统关工委助力立德树人的鲜活实践的凝练。

三十而立，任重道远。站在两个一百年历史交汇点上，面对世界百年未有之大变局，教育部关工委愿始终与大家一起，以更加奋发有为的状态，在更高的起点上，引领青少年与时代同向同行、与国家民族命运与共，为培养社会主义建设者和接班人做出新的更大贡献。

今年是建党一百周年，也是"十四五"开局之年，谨以这套系列丛书作为我们教育系统关工委献给党百年华诞的一份礼物，是为序。

李卫红

（教育部关心下一代工作委员会主任）

二〇二一年四月

目　录

孜孜矻矻　锐意创新

心怀国家　荣辱与共

潜心笃志　精研不倦

无私奉献 筑梦强国

黄旭华：

没有奉献精神，搞科研就不可能取得成功

人物小传

　　黄旭华，1924年生，广东海丰人，1949年毕业于上海交通大学。核潜艇研究设计专家，中船重工集团公司719研究所研究员、名誉所长，中国第一代攻击型核潜艇和战略导弹核潜艇总设计师，开拓了中国核潜艇的研制领域。1978年获全国科学大会奖，1982年获国防科工委二等奖，他参与完成的中国第一代攻击型核潜艇研制获1985年国家科学技术进步特等奖，导弹核潜艇研制获1996年国家科学技术进步特等奖。1989年被授予"全国先进工作者"荣誉称号。1994年当选为中国工程院院士。2019年荣获国家最高科学技术奖及共和国勋章。

　　2017 年 11 月 17 日，全国精神文明建设表彰大会在北京人民大会堂金色大厅举行，600 多名代表出席。习近平总书记缓缓步入会场，同代表们热情握手、亲切交谈。当他看到一位老者时，他握住老者的手，请他坐到自己身旁。这一细节，通过电视画面传遍全国，人们纷纷好奇：这位老者是谁？

　　他就是有"中国核潜艇之父"美誉的黄旭华院士。坐在习总书记身旁，是他一生中的"高光时刻"。黄老付出了数十载的青春年华，顶着家人的误解，殚精竭虑，将中国的核潜艇事业从无到有打造了出来。当他在"院士回母校"活动现场，将自己的人生轨迹娓娓道来时，莘莘学子无不动容，从中感受到了老一辈科研工作者的博大情怀。

转变：学医救得了人，可救不了国啊！

　　Q：在国防领域，您有一个响当当的名号：中国核潜艇之父。但其实您最早的志向是学医，那您是如何弃医从"核"的呢？

　　A：因为我父母是医生，希望我能继承他们的事业，治病救人、救死扶伤。但是我的家乡海丰靠海，抗日战争爆发后，中国的沿海地区立刻受到日军攻击，学校停课，我只好在家待了半年。这半年对我影响很大。我参加了抗日宣传活动，出演话剧。其中有一部叫作《不堪回首望平津》，说北平、天津沦陷后，很多难民逃亡，有个小姑娘，一路上历尽磨难。我就男扮女装，演这个小姑娘。

　　后来我去桂林念中学。路过西岭，连个旅馆都没有，好不容易找到房子，有一半被炸坏了，我就只好在另一边的房子里睡觉。路过衡阳，更惨了，沿路都在轰炸，火光冲天。桂林的环境算是比较好的，但日本人的轰炸还是非常厉害。日本飞机一来，警报器就拉响，学生赶快向山里跑。往往是早上一炸，警报就响了，一直到晚上警报结束。这一天怎么办？有钱的还可以在外边买一点吃的，我们学生没钱，只能饿肚子。

抗战中的经历促使我思考：为什么偌大的中国，连一个（可以）安静读书的地方都没有？就是因为国家太穷、太弱，没有有力的国防，因此受人宰割、欺凌。这样我改变了思想：学医救得了人，可救不了国啊！我不学医了，我要学造飞机、学造船，保卫祖国的蓝天和海疆。

Q：所以抗战胜利后，您分别报考了中央大学航空系和上海交通大学（以下简称交大）造船系，而且都被录取了。而在造飞机和造船之间，您最终选择了后者，为什么？

A：因为我生在海边，对海的情结比较深。而且交大在当时有"东方 MIT（麻省理工）"之称，工科全国首屈一指，所以我就去交大学造船了。

Q：在交大的学习情况是什么样的？

A：我很幸运，因为造船系的老师基本都是从英国、美国、德国过来的，他们把国外的教育引进来。当然了，他们都不是专职教授，上完课就走了，所以课外的学习都靠我们自己。我们学习非常刻苦认真。当时交大流传这么个说法：一年级买蜡烛，二年级买眼镜，三年级买痰盂，四年级大概就要买棺材。

交大的作风，总结成四条，就是热爱祖国、自强不息、追求真理和顽强拼搏。这几点品质，在我从事核潜艇的研制工作中发挥了关键作用。有人问我，一般科学家公开搞课题，一有成果马上抢时间发表，还有不少人争取出名，为什么你领导工作越有成绩越把自己埋得深，能够适应吗？我说我能够适应。为什么？党的需要、党的培养让我保密，遵守组织纪律。

我在核潜艇工作上能够带领团队白手起家、克服种种困难，一路从无到有，首先我要感谢交大，交大培养了我的智慧，交大更培养了我艰苦奋斗的能力。

奋斗：没有专家、没有资料，全靠自己白手起家

Q：毕业后您在上海工作了一段时间，设计制造了新中国第一艘扫雷艇和第一艘猎潜艇。1958年奉调进京，主持核潜艇的研制工作，当时是怎样一种情况？

A：核潜艇技术牵涉面广，是国家综合实力的表现，但它被美苏等大国垄断，我们要打破这个局面，所以中央批准研制导弹核潜艇。我很幸运，被选中参加研制工作。

最初国家想和苏联共同研制，但赫鲁晓夫来中国的时候说，你们没水电、没技术，可我们苏联有啊，我们还可以保护你们。他建议成立联合舰队，在中国建立电站，并要求中国提供海港口基地，让苏联太平洋舰队驻扎。毛主席一听非常气愤，认为苏联想控制中国。毛主席突然站起来，挥动着手说："你们不援助，放开，我们中国自己干。"

毛主席这句话，我理解有三个含义：第一，中国需要核潜艇，因为核潜艇装备了导弹，负责第二次核打击和爆破，也有压制西方国家对中国的核讹诈的作用；第二，核潜艇技术难度非常大，必须集中全国力量来搞；第三，中国人民有自信、有决心，靠自己的力量搞出来。这三个含义对我影响极大，我下决心，一定要实现毛主席的目标。

Q：中国的核潜艇的研制是从无到有、艰苦摸索，这个过程中，最大的挑战是什么？

A：以我们国家当时的科学技术水平跟工业生产能力，还不具备制造核潜艇的条件，更大的困难是我们没有这方面的人才，一个也没有；也没有这方面的知识，学校里面没有这个课程，我们又没有参考资料可以借鉴，更没有专家可以指点迷津。我们就是白手起家、从头开始。

碰到的第一个难题是艇型的选择。我们通过大量的水池拖曳和风洞试验，取得丰富的实验数据，决定采用最先进、技术难度也最大的水滴线型艇体。因为实验数据表明，这是可行的。

核潜艇技术非常复杂，配套系统和设备成千上万。美国在建造同类型核潜艇的时候，先建了一艘常规动力水滴型潜艇，后把核动力装到水滴型潜艇上。我们不可能这样，都是"土办法"。比如计算数据，当时还没有手摇计算机，起先我们只能靠算盘。每一组数字由两组人计算，答案相同才能通过。我们还采取用秤称重的方法，要求所有上艇设备都要过秤，安装中的边角余料也要一一过秤。

核潜艇内有数以万计的设备、仪表、附件，光电缆和管道总长就有100多公里。可以想象，计算量有多大！我们常常为了一个数据日夜不停地计算。几年的建造过程，天天如此，确保核潜艇下水后的数值和设计值吻合。

信念：30 年没回家，但我无怨无悔

Q：为了核潜艇事业，您隐姓埋名几十年，甚至不跟家里人联系？

A：是的。1958 年我从上海调到北京工作，只告诉我出差，我提了个小包就去了。家里问我：你在北京哪个单位，干什么工作？我不能回答，因为我（的）核潜艇工作保密性很强，绝对不能把工作的性质、单位暴露出去。所以我根本不跟家里联系，除了每个月拿出工资收入给家里寄

点钱。

有一年我回家住了三天就要走，临走，母亲摸着我的头发说：你从小就离家在外边，那时候战乱，交通中断，你回不了家，现在解放了，交通也恢复了，父母亲年纪也大了，希望你经常回家看看。然而这一别就是30年。直到我1986年回到家乡时，父亲和大哥已经去世，母亲90多岁高龄了。家里人仍然不知道我在干什么。他们当然会产生好多想法，但我没有办法回答。我父亲在世的时候，都只知道我们通信的信箱号码。

Q：后来是如何向家里人取得谅解的？

A：1987年《解放军报》发了一篇报道，初步爆料了核潜艇，但是没讲具体的事情，也没讲黄旭华这个名字。我看了报道，觉得大概保密程度稍放开了一点，我想应该趁这个机会跟家里说一说。于是我就把报纸寄给了母亲。母亲一字一字地读，然后含着眼泪把我弟弟、妹妹找来，说哥哥的事情你们要谅解。对我来讲，这句话把我从如山一般的负担中一下子解脱了出来，我非常感谢我的母亲和我的兄弟姐妹。

1995年，我突然接到弟弟电话，说母亲摔了一跤，不行了，你赶快回来。等我赶到，母亲已经处于昏迷状态了。我站在她旁边，她感觉有人，轻轻问了声："是谁啊？"我说："我回来看你了。"她一下子眼睛睁开了："谁通知你的？你工作很忙，我不希望你回来。"我说："妈妈，我想你。"她眼泪就掉下来了。她又说："你一路很累，到旁边房间休息一下。"没多长时间，她又醒了，叫我妹妹把她的眼镜戴上去。过了一会儿我妹妹突然哭了。我问怎么了？她说阿妈走了。从我回到母亲身边，一直到她走，大概不到三个小时。弟弟说如果你不回来，阿妈就不会走，就是因为你回来了，阿妈才放心走的。妹妹告诉我，阿妈昏迷的时候老是问你什么时候回来。

30年里我没有回过家，没有履行对母亲的诺言。但是工作的需要、国家的需要，我严格地履行了，我无怨无悔。

Q：中国核潜艇事业从无到有、由弱到强，作为主要负责人，对年轻人，尤其是年轻的国防科研工作者，您有什么嘱咐吗？

A：我就说三点吧。第一，外国在高新技术上，特别是国防科技上援助我们是不可能的。就算国外给你一些技术，不是价钱非常昂贵，就是带着种种政治条件。法国 1965 年开始核潜艇的研制工作，美国答应提供导弹，但是法国人造好舰船，要装导弹的时候，美国把协议书毁掉了，不给导弹。法国人只好把这条核潜艇改成常规动力潜艇，自力更生，造了一条世界上很独特的核潜艇。国家之间的关系就是如此。我们想（由）外国提供新技术，那是异想天开。怎么办？只能自力更生，依靠自己的力量，研制自己的核潜艇。

第二点，要有面对艰苦生活和工作条件的心理准备。国防科研的工作条件都比较艰苦，导弹、原子弹研究一般都在人烟稀少的地方。我们开始的时候也是在荒山。当然现在条件非常好，但是搞科研要不断创新，国际上技术竞争也非常激烈，所以不可能是平平坦坦、顺顺利利的。年轻人要有思想准备，要准备吃苦耐劳，有坚定的信念。

第三点，叫作奉献精神。科研是不断追求真理、不断追求未知数（的过程），可能成功，也可能失败。如果你首先考虑个人得失，哪里待遇比较好就去哪里，那在科研上是没有出息的。搞科研就要下决心，我这一辈子都搞这个，那就可以成功。搞科研没有奉献精神是很难成功的。

（2016 年 4 月 9 日，上海交通大学）

郭孔辉：
让国家强大起来，是我们每个人的责任

人物小传

  郭孔辉，1935年生，福建省福州人，汽车设计研究专家。1952年毕业于福州鹤龄英华中学（福建师范大学附属中学前身），1956年毕业于吉林工业大学。吉林大学教授、汽车学院名誉院长，曾任"一汽"汽车研究所总工程师、吉林工业大学副校长。先后主持完成多项我国汽车行业的基础性科研项目和一汽新型汽车的开发研制工作。被汽车界誉为将系统动力学与随机振动理论引入汽车振动与载荷研究的领先学者，是我国汽车轮胎力学的主要奠基人，我国汽车操纵稳定性、平顺性科技领域的主要开拓者和带头人。1994年当选为中国工程院院士。

熟悉历史的人，没有不知道"红旗"轿车的，而郭孔辉院士，就是驯服这匹"野马"的人。当年，正是凭借他的刻苦攻关，"红旗"轿车才能在高速行进中保持稳定。这样一位传奇院士，自然令人好奇。而郭院士的家庭出身、求学历程，以及攻坚克难的科研生涯，也确实能让学子们感受一位科学家的胸怀和风范。

境界：配合国家需要，我无怨无悔

Q：郭院士您出生于华侨家庭，小时候家境比较富裕，能谈一谈吗？

A：福建人历来有"下南洋"的传统，福建全省各地就形成了许多侨乡。我们家是从我祖父开始下南洋的，因为他身体不太好，种地吃力，就跟着亲戚下南洋，到了马来西亚做点生意。生意越做越大，就慢慢地把几个兄弟也叫了出去。后来祖父得了肺病，就回国休养，把生意交给他的弟弟郭鹤年。郭鹤年很有名，郭家的生意其实是在他手上做大的。他后来被誉为马来西亚最杰出的企业家之一，有"酒店大王""亚洲糖王"等称号。论起来，我得管郭鹤年叫一声"堂叔"。我父亲出生在马来西亚，长大后回国结婚，生了几个孩子以后又出去了。我是 1935 年出生的，不久父亲就去了马来西亚。

Q：您家境本来是不错的，但战争改变了一切。这也培养了您要让祖国强大起来的意识，对吗？

A：可以这么说。我三岁的时候抗日战争全面爆发，六岁日本人攻占了福州，我们家的家境就一落千丈了。侵略者欺负中国人，大米统统充作军粮，不允许我们吃。老百姓就只能吃杂粮、地瓜，非常艰苦。后来我去东北工作，跟同事聊天谈到抗战的经历，他们就告诉我，日本人在东北也不让中国人吃大米，偷偷吃被发现的话，要枪毙的。我就讲，我在福州也见到过日本人杀害同胞啊，可是敢怒不敢言。我就是从那时起认识到，国家太弱小，老百姓就要受欺负。所以让国家强大起来，是我们每个人的责任，这个叫"以天下为己任"。

Q：当时华侨迸发出了强烈的爱国热情，身在侨乡，您也受过影响？

A：确实是的，南洋华侨素来有爱国传统，抗战的时候真的是"有钱的出钱，有力的出力"。你比方说华侨领袖陈嘉庚，为了支援抗战，不仅自己捐款，还四处奔走募捐。回来参军打侵略者的华侨也很多。因为大家平时都能感受到，祖国衰弱，（自己）在海外受人歧视，当地人都瞧不起你。我是华侨家庭长大的，这样的故事我从小听到的太多太多了，华侨在外面的日子好不好过，跟祖国强大不强大有很大关系。

Q：您是抗战胜利后进入鹤龄英华中学的？

A：是的，1946年进入初中部，1949年接着上高中。这几年对我的整个人生太重要了。第一，为学业打下了基础。抗战期间我两次辍学，学习耽搁了，还养成了贪玩的坏习惯。所幸在英华我遇到了很好的老师，对我循循善诱，鼓励我上进，这才造就了我对科学的兴趣，并且立志要将中国建设成工业强国。第二，感受到了共产党员无私奉献的精神。1949年之前英华有很多老师是地下党，我觉得他们很不简单，不仅书教得好，而且品德高尚，考虑的是国家的命运，对个人得失则考虑得很少。我当时就想，要是这样的人多一些的话，我们国家一定会好起来。

Q：您与汽车结缘也是在中学阶段？

A：其实不是，这也有一段波折。我当初想投身航空事业，因为英华的物理老师李老师，就是航空专业出身，我受他感召，报考了清华大学航空专业。我考上了，一直读到大三，有天晚上，学校忽然通知我和另外几个同学转学、换专业，就这样我转到了华中科技大学汽车拖拉机系。不久，这个系并入长春汽车拖拉机学院，后来又成了吉林大学。等于我大学念了四所学校，从北京到武汉再到长春，专业由航空变成汽车。这都是为了配合国家需要，我也无怨无悔。

Q：虽然经过了一些波折，但对学业，您始终是很认真的，甚至很较真，敢于质疑权威。有没有这回事？

A：学习期间我的确喜欢提出质疑。大三时，我做的课程设计题目是"汽车传动中应用自由离合器的设计"，这是汽车上不多见的结构。当时我能看到的资料只有苏联楚达科夫院士著的《汽车设计》。可正当我准备以该书的公式作为课程设计的依据时，却发现公式所计算的结果和我自己推导的结果差别相当大。谁错了？起初，我觉得楚达科夫院士推出的公式不能轻易否定，但经过反复推导以后，我还是相信自己是对的。于是，我向指导老师报告。指导老师很年轻，表示不相信我。于是，我只好去找一直很崇拜的力学老师荆教授。几天后荆教授对我说，他推导出的结果与我的相同。虽然这只是一次小小的证明，但给了我很大激励，激发了我钻研问题的兴趣和信心。之后，我不止一次对当时的教科书提出修正建议。

无悔：既然从事汽车研究，就要做出一番成绩

Q：1956年大学毕业后，您被分配到北京汽车拖拉机研究所，后来又随研究所搬去了长春。当时我国的汽车工业处于起步阶段，你们这代"汽车人"可以说是筚路蓝缕。能给今天的年轻人说一下当时的奋斗历程吗？

A：我毕业那会儿中国的汽车工业确实是比较落后，很多科研还没展开。我们研究所最早的课题之一，是研发空气悬架。这是针对解放牌载重

汽车进行的研究，目标是每车节省 100 公斤弹簧钢。那时空气悬架在国外也是刚刚兴起，参考资料很少，更没有样车、样件，一切从零开始。我们凭着敢想敢干的精神大胆创新，刻苦攻关两年，在 1958 年研究出了空气悬架新产品，得到各方好评。这也使我获得了很好的成长。我被任命为悬挂组组长，在空气悬架研制和试验中及时总结所遇到的问题，写了几篇总结报告，并在不同的学术会议上进行交流，得到了学术界认可。

Q：您最传奇的经历是驯服"红旗"汽车？

A：谈不上传奇。"红旗"是我国第一辆国产品牌轿车，一出来就很令人振奋。不过当时"红旗"最大的问题是，运行时跑不快。原因不在于马力不够，而在于司机不敢踩油门，因为车速快了它就像一匹脱缰的野马，你不知它会往哪儿跑。用我们的行话讲，就是汽车操纵稳定性不够好。1971 年，我奉命带领一个研究小组到一汽轿车厂参加红旗轿车改型设计，重点解决高速操纵稳定性的要求。为什么选中我呢？因为领导认为我的理论基础好，又有实践经验。这样，我接受了"红旗轿车高速操纵稳定性"课题研究任务。

通过近一年时间的试验与理论探索，我们终于找到一种在宽度不超过 60 米的试验场条件下，可以进行满足美国 ESV 规范要求的高速操纵稳定性试验的方法。接着，我们又提出一系列评价分析方法。1978 年，正值第一次全国科学大会召开，"汽车高速操纵稳定性试验评价方法"课题获得全国科学大会奖。与此同时，我们开始转入汽车操纵稳定性的计算仿真理论评价方法和设计方法研究。在研究中，我深切体会到轮胎特性对汽车高速操纵稳定性的重要性，并着手设计研制我国第一个轮胎六分力特性试验台。1983 年下半年，这个试验台研制成功，推动了我国汽车动力学理论的研究，并使汽车操纵稳定性研究取得了重大进步。

Q：后来您还出国留学了？

A：1981 年初至 1983 年初，我受原机械工业部选派，带着课题到美国密歇根大学公路安全研究所进行为期两年的访问研究。两年中，我在汽车运动相平面分析方法、驾驶员行为模型与人—车闭环系统动力学仿真研究方面取得了显著进展。回国后，继续完成原机械工业部下达的"汽车操纵稳定性的计算机动态模拟"课题。当时，课题组用我从美国带回来的"苹果Ⅱ"型计算机夜以继日进行计算，对加速完成该课题起到了重要作用。1986 年，该课题获部级科技进步一等奖，轮胎试验台研究获部级科技进步三等奖。

Q：郭院士一谈起专业上的事就滔滔不绝，每件事都记得那么清楚。现在我想补充一点背景：当时您跟爱人住宿舍，条件其实很一般，爱人上班要换四辆公交车，还要带孩子。那段时间对你们来说其实是很辛苦的，对吗？

A：确实很辛苦，特别是我的太太，一提起这段往事，我就忍不住要落泪。但就我个人来说，既然选择了为国家做贡献，就要牺牲一些个人利益。这一点，我和我爱人是有共识的。其实早在 20 世纪 60 年代初，我的父母就从马来西亚回国，希望我能跟他们一起去马来西亚，继承家族生意。当时父亲年龄大了，身体又不好，但商量再三，我还是违背了父母的意愿。1972 年，我母亲再次回国。她年纪大了，知道这一去就是永别。所以老人家含着眼泪拉着我的手说："孔辉，下决心跟我走吧。"结果，我还是让老人一个人回去了。我觉得，国外的生活是比国内好，但我更热爱自己的祖国和自己选择的汽车事业。既然从事汽车研究，我就要做出一番成绩。

勉励：笨鸟先飞，通过加倍的努力后来居上

Q：1994 年您当选为中国工程院院士，是我国汽车行业的第一位院

士。同时您还担任吉林工业大学副校长，可以说声誉日隆。但是 2008 年，已过古稀之年的您辞职创办孔辉汽车，是什么点燃了创业激情？

A：我在汽车行业工作几十年，在汽车操控、轮胎力学等领域积累了大量的科研成果和设计手段、试验设备试制方面的经验。不过，有一件事始终让我耿耿于怀，那就是好些科研成果难以付诸实践。我一直希望有机会能将这些成果转化为产品，推动我国汽车工业的技术进步，这是我创办孔辉汽车的初衷。鉴于公司初创，资金不足，我选择了轻资产的运营模式，一方面为部分整车企业做底盘设计、开发服务这样资金投入较少的业务维持公司运营，另一方面集中公司优势资源，开发汽车底盘性能测试设备。那么经过十年的成长，我们已经建立了四大类产品：底盘技术服务、试验测试设备开发与销售、高性能悬架系统及部件开发与销售、底盘电控系统的开发与销售。

Q：您说得云淡风轻，其实了解那段历史的人都知道，20 世纪初，底盘技术、试验测试设备等是被外资垄断的。您是如何杀出重围的？

A：我想是有过硬的技术吧。很多产品都是基于我多年在汽车底盘、轮胎力学等领域的工程经验及学术研究而产生的技术专利，这方面我们具备优势。当然我们并不是在"吃老本"，而是投入了大量的人力物力去搞研发。创业之初，企业每年的研发投入就占销售收入的 10%，后来更是占到 20% 以上，这些专利产品大多已经实现产业化。随着公司的发展，我们也在宁波、柳州、广州、成都、长春等地建立了子公司。我们希望它将来能为国家汽车工业的核心技术发展做贡献。

Q：您八十多年的人生履历可谓丰富多彩，那么以过来人的身份，能否给年轻学子一点建议？

A：学生最重要的还是学习，学习好不好，我觉得有两个因素：一个是天资，我的天资应该不算太差，所以能取得一些成就。另一个是调动自己的内在潜力。我上大学，当上了理论力学课代表，其实这门课我很多没弄明白，成绩不好。那怎么办？我就要调动自己的潜力，认真上课、认真做每一道题。虽然很辛苦，但慢慢地成绩就提高了，也有了自信心。所以我们不要轻易地承认自己就是笨，而是要有一点要强的精神，笨鸟先飞，通过加倍的努力后来居上。我的建议就是这些。

（2017 年 5 月 8 日，福建师范大学附属中学）

戚发轫：
国家的重大需要，就是年轻人奋斗的方向

人物小传

　　戚发轫，空间技术专家，1952 年考入清华大学航空系，曾任中国空间技术研究院副院长、院长，同时担任过多个卫星型号和飞船的总设计师。现任中国空间技术研究院技术顾问，北京航空航天大学宇航学院名誉院长，博士生导师。第九、第十届全国政治协商会议委员会委员。曾获国家科技进步特等奖两次，一等奖、三等奖各一次，曾获航空航天部劳动模范、全国五一劳动奖章，国家有突出贡献的中青年专家，享受国务院政府特殊津贴。2001 年当选为中国工程院院士。

一头沧桑银发、一身素朴衣装，说话富有逻辑性，时时面带微笑。这一切，让现身"院士回母校"活动现场的戚发轫院士，像是一位儒雅规整的老牌"理工男"。但当他坐定开始讲述时，年轻学子们立刻意识到，这可不是普通理工男。

在为中国航天事业奋斗的近六十年中，戚老有太多的"高光时刻"——将东方红一号卫星送入太空、成功发射东风四号导弹、圆满完成中国第一次载人航天任务，等等。他的人生阅历和感悟，也随着中国航天事业的发展一步步丰富起来，给今天的学子以启迪。

初心：只有国家强大了，咱们才不受欺负

Q：从卫星上天到载人航天，您亲历了中国航天事业最重要的几个历史时刻，您也从一个英姿勃发的年轻人变成了满头银发的老者。现在都在讲"不忘初心"，那么回望人生的起点，您的初心是什么？

A：这要从我小时候说起。1933 年我出生在大连，那时候东北已经被日本人侵占了，所以从出生一直到 1945 年，我不知道自己是中国人。那十几年我当的是亡国奴。

1949 年中华人民共和国成立，紧接着就是抗美援朝。当时我在念高中，有很多志愿军伤员从朝鲜运回大连救治，我作为中学生，也参加了运送。看到这些伤员，都是被轰炸机炸伤的，伤口惨不忍睹，我心里特别难受。我就觉得中国还不够强大，没有强大的国防、没有强大的空军，所以我想以后一定（要）去造飞机，保家卫国。只有国家强大了，咱们才不受

人欺负，当时就这么个思想。所以考大学的时候，三个志愿我填的全是航空系。1952 年，我考入了清华大学航空系。

Q： 能说一下您在清华大学的学习情况吗？

A： 我觉得学生分两种：一种玩得不错，学得也不错；还有一种，不玩，老在那儿学习。两种人都能成才。我羡慕前一种人，像我的一些同学，玩也玩了，考试成绩还很好。但是我不行，我基础差啊。记得第一堂课老师讲"抛物面"，我听都没听说过，根本不懂。所以我只有笨鸟先飞，通过后天的努力来取得好成绩。

刚入学的时候我们班有十几个人，后来有留级的，甚至有开除的，按时毕业的不多，因为跟不上。但是我凭自己的努力，按时毕业了。我后来在《中国青年报》上写过一篇文章，题目叫《不要怕失败在起跑线上》，鼓励年轻人，不要受了点挫折就丧失信心。来日方长，不要怕输在起跑线上，人生是马拉松赛跑，不是短跑。

Q： 您毕业后没有去造飞机，而是搞起了导弹，当时是怎么考虑的？

A： 国家需要嘛。我读的专业是飞机工艺，本来我是准备造飞机的，这是我报考航空系的初衷嘛。但是 1956 年，国家成立了中国第一个导弹研究机构——国防部第五研究院（以下简称五院），非常需要人，所以一毕业我就被分配到五院研制导弹了。那时候除了我们院长钱学森，没人搞过导弹，他就开了门课，叫《导弹概论》，我就是这样入的门。

1968 年成立了新的五院，又把我调过去搞卫星。1992 年载人航天立项，我被任命为神舟号飞船总设计师。最早想造飞机，后来搞导弹、运载火箭，再后来搞载人航天，所以说我的人生有好几次转变。

信念：为了国防事业，我可以牺牲自己

Q： 您被誉为"中国载人航天之父"，大家都喜欢听您讲成功经验。

不过我更想知道，让您刻骨铭心的失败是哪一次？

　　A：确实，我一生中有很多成功，也经历了不少失败。要说印象最深的一次，是 1962 年发射"东风二号"。那是我第一次参加现场试验，结果失败了，心理压力非常大。事后总结，有一个重要的教训：地面试验不充分。那之后我就认识到：要保证成功，一定要做好地面试验。

　　"东方红一号"卫星发射的时候我就落实这件事，帮助孙家栋同志完成了充分的地面试验。发射之前我们向周总理汇报，周总理问我："你这个卫星上天之后能唱《东方红》吗？不会变调吗？"这个很难回答，我坦率地说："我能想到的、地面能做的试验都做过了，都没出事，就是还没上过天。"周总理想了很久，确实只能这么回答，就同意发射了。后来"东方红一号"成功升空，这也是我第一次现场试验获得成功。

　　Q：所以说在科研的道路上，失败也是很重要甚至是关键的。"东风二号"发射失败，其实对我国航空事业的发展，反而有促进作用？

　　A：这个确实是。1992 年我担任神舟飞船总设计师，第一个想到的就是：要在北京建设航天城，凡是地面能做的试验一定都要做。我要求非常严格，必须做到"三零"：零故障、零缺陷、零疑点，绝对不能有错。要做到这个，就不能凭经验，而要按经过批准的正式试验程序去做；要做就得两个人做，所有的东西系统要有记录；所有的结果要比对，每次做的试验一样吗，为什么不一样，要搞清楚。最后负责人要签字画押。

　　神舟一号、二号、三号、四号的地面试验都做得非常充分，到了神舟五号，真的要载人了，我就敢跟航天员讲："你们上去吧，没有问题！"我也签字画押了。目前为止，从神舟一号到十号，十艘飞船、十位航天员上天，都没有问题，这叫"十全十美"。靠什么？靠质量管理、靠扎扎实实的工作。

　　Q：但是刚开始找您担任总设计师的时候，您是拒绝的？

A：对，找到我，我说我不干。在那之前，我曾经两次去苏联的拜科努尔航天发射基地参观，印象很深刻。航天员上天前，总设计师要对航天员说："准备就绪，你们上了飞船一定能回来！"然后总设计师签字画押。这个压力太大了！那时候我 59 岁，再过一年就能退休，何必冒这个险呢？但我们这一代人是领导叫干吗就干吗，国家的需要就是我们的志愿，所以最后还是服从了组织的决定。

但 1992 年是什么时候？是计划经济向市场经济转变的时候。社会上流传着一句话："造导弹的不如卖茶叶蛋的。"我们五院就在中关村，年轻人出国了、下海了、到民企去了。就剩一帮五六十岁的老同志，加几个没走的小伙子，组成了研制团队。能不能成？我心里直打鼓。但我们顶住压力，奋斗七年，神舟一号成功了！我们有了自信心，领导也刮目相看。

Q：在那种困难的局面下，您是怎么凝聚团队的？听说研制团队的成员来自不同的行政单位，您既不能给他们发工资，也不能发奖金。

A：我先讲个故事。我们大学同寝室有八个人，毕业后各奔东西。很多年后，有个人想创业，结果一呼百应。他哪儿来那么大号召力？因为大学整整四年，宿舍热水都是他打的，风雨无阻。另一个人正相反。他每星期从家里带六个苹果，一天吃一个，四年来没跟任何人分享，后来他也想创业，没人响应。所以说领导团队，人格魅力很重要。

还有当然就是信念。我干航天，是为了国防事业、为了国家强盛，为此我可以牺牲个人。这是我的人生信念。不止我，我们团队都有这样的信念。刚才讲当时还有年轻人留下来，没走，他们为什么不去卖茶叶蛋？就是因为这种信念。

神舟五号发射前，我给杨利伟他们开座谈会。我说，我保证你们的安全，请放心。但他们回答：我们是歼击机驾驶员，每一次飞行、每一个特技动作，都是冒着生命危险去做的。我们不怕危险，我们关心的是国家交给的任务能不能完成好。我听了很受感动。这就是信念的力量！

回望：中国航天，靠的是自力更生

Q：中国的航天事业从无到有，取得了辉煌成绩。作为老航天人，您认为成功的最大因素是什么？

A：首先是中央的决策正确。我举个例子。开始搞载人航天的时候，到底是用航天飞机还是飞船，争议很大。那时候航天飞机最热门，五个方案里有四个都说要造航天飞机，只有一个说造飞船。最后，中央领导听取了专家的意见，拍板用飞船。现在美国都承认搞航天飞机是个错误，回过头搞大型飞船。假如当年我们搞的是航天飞机，那杨利伟到现在都上不了天！因为大飞机还没造出来呢，而航天飞机比大飞机更要复杂得多！所以说中国航天到现在六十多年，能取得那么大的成绩，离不开中央的正确决策。

再一个就是航天精神。什么是航天精神？二十世纪五六十年代，老一代领导人和科学家总结了三句话：自力更生、艰苦奋斗；大力协同、无私奉献；严谨务实、勇于攀登。在我看来，最重要的就是"自力更生、艰苦奋斗"，也就是靠自己。当时美国封锁我们，苏联帮了我们一下，但后来哥俩掰了。谁也不会把最好的东西给你，只能靠自己。

中国航天到现在确实都是靠自己。你看咱们好汽车的发动机，进口的；大型的转子发动机，进口的。但是运载火箭上的、导弹上的、卫星上的所有发动机都是自己的。它们不是世界最好的，但是我们自己的，不受别人限制。所以说，国家、民族、事业，我们每一个人都得靠自己，靠不了别人。

Q：今天的年轻人面临立志、择业等多方面的选择，难免感到迷茫。

作为过来人，您有什么寄语吗？

　　A：我大学里学的是造飞机，毕业后让我去搞导弹、搞卫星，但是我没有任何的犹豫。对我来说，国家的需要就是我们的志愿。到现在我还是认为，年轻人怎么选志愿？国家有什么需要，你就奔着去吧！国家的重大需要就是年轻人奋斗的方向。

（2016 年 3 月 24 日，清华大学）

陈学东：

为国家做出贡献，是我最有成就感的时刻

人物小传

　　陈学东，1964 年生，安徽铜陵人，特种设备设计制造与运行维护工程科技专家。1986 年毕业于浙江大学化工机械与设备专业。2004 年获浙江大学化工过程机械专业博士学位。中国工程院院士。长期从事压力容器与管道安全工程技术的研究与应用，突破极端条件下压力容器设计、制造与维护关键难题，为我国重大承压设备自主设计制造和压力容器万台设备年事故率逐年下降做出了突出贡献。现任合肥通用机械研究院院长，兼任国家压力容器与管道安全工程技术研究中心主任。获得国家科技进步一等奖 1 项、二等奖 5 项，授权发明专利 20 多项，发表论文 200 余篇（其中 SCI、EI 论文 80 余篇）。2015 年当选为中国工程院院士。

一头银发、一副眼镜，陈学东院士给人的第一印象，是斯文、博学、睿智。在"院士回母校"活动现场，他的话语平实、生动而具有穿透力，既向年轻的学子们分享了人生经验，也四两拨千斤地点出了科研的路径。陈院士身上所展现的"大师风范"，深深感染了在场的每一位同学。

启迪：科学研究，一定要解决生产中的重大问题

Q：陈院士同浙江大学（简称浙大）是如何结缘的，听说您第一次进浙大校园的时候，吓了一大跳？

A：呵呵，有这事。我是1986年考入浙江大学化工系化工机械专业的，那我的中学呢，面积有三十多亩，这在中学里算是很大的。那浙大玉泉校区有多大呢？我记得是一千七百亩。所以我一进来就震惊了，觉得校园真是大。那时候浙大有六座教学楼，对称布局，感觉非常漂亮。特别是当时图书馆刚刚建成，馆长是一位三级教授，他很自信地给新生介绍，浙大藏书数量在全国排第二，仅次于北京图书馆。住宿方面，化工系的宿舍楼刚刚建成不久，很新的，设施、环境都非常好。浙大的伙食也很不错。

Q：您洗冷水澡的习惯也是在浙大养成的？

A：对，要说我们唯一不太满意的，就是男生没地方洗热水澡。当时浙大有一个太阳能澡堂，但是只给女生洗澡。男生洗澡，要坐公交到平海路的公共浴室。车费加澡票，要花三毛四分钱。这在当时可以买两份大排青菜了！那我们实在不忍心牺牲两块大排去洗个澡，所以就学会了洗冷水澡。这养成了习惯，我直到四十岁以前，冬天也都是洗冷水澡。所以我不

怕冷，一年四季穿衬衫就可以了。

总的说来，当时对浙大的一切都感到很新鲜、很好奇，也非常自豪。自豪到我干了件什么事呢？就是把高中同学，不管他考上上海交大也好，南京大学也罢，或者在中科大，我都利用节假日，请他们来浙大看一看。他们看完后都说，浙大校园真漂亮、杭州真漂亮，你们的伙食也比我们好很多。我一听，哈哈，更自豪了。

Q：用今天的话说，您这叫"四处安利"，可见您对母校的感情。那么当时的校园氛围怎么样？

A：我记得当时是辅导员亲自把我们接到宿舍，嘘寒问暖，非常热情。教学方面，教授的水平也都很高。当时教授还非常少，我印象里浙大只有五十个左右吧，他们都很敬业、很认真。特别幸运的是，这些教授都给我们本科生上过课。我印象最深的课，是化工系开设的化工进展。它不是一个老师上，而是把化工系在各个领域、各个方向水平最高的老师都请来给我们讲课。胡杉旭、朱国辉、徐继良、李永章这些大教授都来讲课。他们用通俗的语言，把各自领域的最新研究成果或进展给讲出来。这门课对我的影响是非常大的，可以说指引了我的学习和工作方向。

Q：您在专业上的志向也是在浙大读书期间立下的？

A：对，这就要提到我的导师——朱国辉教授。朱教授的事迹上过《人民日报》。怎么回事呢？20世纪50年代，国家要搞高温高压的装备。这种装备的金属壁要做得很厚，300到400毫米。以我国当时的冶金水平和焊接水平，做不出来。朱国辉教授就提出一个思路，叫"以薄供厚"，做个很薄的内胆，外面用扁平的钢带一层层缠绕起来，代替厚壁容器。这就攻克了难题。改革开放以前，所有化工厂的压力容器、高压容器，都是按照朱老师的思想设计和制造出来的。这是非常了不起的。我进校后，《人民日报》正好报道了朱老师的事迹。那是很大的荣誉，令我印象极其深刻。本科毕业后，我就跟着朱老师读研究生了。

朱国辉教授的思路给了我很大启迪。首先是科学研究一定要解决生产过程中的重大问题，这样才有价值。其次，他提出的"以薄供厚"是把复杂问题深入研究以后做简单化处理，凭借有限的科技条件，攻克了国家级难题。在今后的科研工作中，我正是按照朱老师的思路去攻坚克难的。

感悟：受过很多委屈，但不计较委屈

Q：毕业后您进了合肥通用机械研究院，据说刚工作那几年，您是出了名的勤奋，不仅完成自己的课题，还帮其他课题组"打工"？

A：为了改善生活嘛！老实说，刚进所里的时候生活条件是比较差的。在浙大我有助学金，加上父母给的钱，每个月超过50块。结果工作第一个月，工资才56块钱，不够用，还得借钱，所以经济上是比较匮乏的。好在研究所分了好几个课题组，完成课题有奖金。我呢，可能专业能力强一点，自己组的课题很快做完了，就帮别的课题组干活。当然那是自愿的，没想过要报酬，就是不想虚度光阴。但是干久了以后，课题组负责人就说这小伙子人不错，奖金也分他一点。我那点死工资，一年到头也才七百多块钱，奖金倒可以分到好几千。我想这一方面是天道酬勤，另一方面，也是单位领导创造了良好的环境，只要你想做事情，绝对是鼓励你的。

Q：科研道路是曲折艰辛的，这方面，您遇到过什么波折吗？

A：解决具体的工程技术问题的时候当然会碰到很多难题，那我就按照朱国辉老师传授的方法，发现问题、发现需求，尽力去解决。但我的科研道路，总体是比较顺利的。这又是托了浙大的福。浙大化工系有位老先生叫王荣东，是二级教授。"文革"结束后，他被我们研究所请去做科研。

他很关照我们这些浙大学子，简直是高看一眼，因为他跟浙大有很深厚的感情。所以我一进来，王老先生就安排我参加了国家"七五"攻关的课题研究工作。干到一半的时候，有些人怕吃苦，不愿意干了，整个课题就交给我来负责。我干得很好，于是"八五""九五""十五"都承担了课题，就这么一路走下来。

Q：从"七五"到"十五"，您的科研经历之丰厚，可以说是少有的。那么您认为，作为科研工作者，应该具备什么样的素质？

A：我们是搞工程技术的，从这个角度来说，最重要的素质就是发现问题的能力和解决问题的能力。所谓发现问题，是在相同的事物中发现不同点，在不同的事物中发现共同点。这非常重要。因为，如果你能从国家需求、行业发展需求、国家重大科学问题当中找到这样的问题，并且解决它，那么你的前途是不可限量的。

说到这里，我又要感谢浙大了。无论是在本科阶段的学习，还是硕士阶段跟朱国辉教授，以及博士阶段跟蒋家英教授学习，都培养了我发现和解决问题的能力。朱教授的事迹前面讲过了，现在介绍一下蒋家英教授。他是搞水电站大型设备设计的，经常接触复杂结构。复杂结构的力学计算难度比较大，算不清楚也是常有的事。但蒋教授善于发现问题，找到共同点和不同点，然后提出改进方案。这样他解决了很多关键性难题，为我国的水电事业做出了卓越贡献。跟蒋教授学习那些年，他对我的指引有很多，我非常感激。所以我觉得，能力的培养甚至比知识的熏陶更重要。

Q：说到这里我想插一句，很多科学家都强调灵感。就是一个难题怎么也解决不了，但不经意间灵感来了，迎刃而解。您有这种经历吗？

A：念书的时候灵感蛮多的，工作以后好像没有你说的那种，天上掉下来个灵感。我的经验是，解决一个问题，到了困难得不能再困难的地步，实在做不下去了，往往忽然能想到解决方案。所以我想，我们搞工程技术的，还是得靠努力和勤奋才能有灵感。

Q：您的这些经验一定会让学子受益良多。不过接下来我想请教您的是，刚刚踏入社会的年轻人，面对复杂的社会难免有些不适应。尤其是当现实和理想发生冲突，就会感到迷茫。这方面，您能指点一二吗？

A：这是个好问题，确实很多年轻人会面临这样的困境。其实我们当年也一样。因为现实中你遇到的很多事情，就是跟理想不太一样。那么你是放弃理想，随波逐流，还是坚持信念呢？我很难给出明确答案，就说一说个人的经验。

浙大很多老师，包括我的导师，都经历过"文革"。当时知识分子被打成"臭老九"，抬不起头。虽然遭受过不公正对待，但"文革"结束后，他们的爱国热情不减，努力工作。他们受过很多委屈，但并不计较，继续为国家做贡献，就是这样一种精神。我的一个老师就讲：不管是当劳动模范，还是沦为阶下囚，他那颗为国家做贡献的心，始终没变。这句话对我触动很大。一个人在单位、在社会，不可能总是顺风顺水，每每遇到挫折，我就会想起那番话。我相信不公正是暂时的，努力不会白费，事实也是这样。

信念：坚持高等职业教育，培养"工匠精神"

Q：您从事科研那么多年，什么让您最有成就感？

A：为国家、为民族、为行业做出贡献，是我最有成就感的时刻。比方说原来要进口一个大型设备，要花很多钱，而且人家还卡你脖子，但是通过我们的努力，实现了国产化，能够自主生产了。还有的时候，企业因为设备的安全问题濒临停产，一天就要损失几个亿。我们及时解决了问题，恢复了生产。同时这些年国家也没有亏待知识分子，给了我们很高的荣誉、很高的待遇，这种自豪感、成就感最为明显。

Q：确实，您三十多岁就当上了合肥机械研究院副院长，那是相当地年轻。而且您并没有停止前进的脚步，2000 年还创办了合肥通用职业技术学院，从事高等职业教育。这算是开风气之先的，您当时的想法是怎样的？

A：这个不算我创办的，其实刚开始我还反对。当时我们新来的党委书记，提出要办个职业学校。作为副院长，我的顾虑是多一个学校，就多一个跟我院抢科技资源的对手，所以我表达了不同意见。但是书记坚持，还希望能跟浙大合作，所以我就带他见了当时浙大副校长冯培恩。结果一聊，我的想法变了。

怎么呢？我们书记跟冯副校长说，先办高等职业学校，再升级成本科，甚至招研究生。冯校长在德国待过，对德国的职业教育非常熟悉。他告诫我们，千万不要办成本科，更不要搞研究生教育，就好好做职业教育，做成职业教育中的清华和浙大。他说如果办成本科，也只是末流的本科，对国家没有意义。但是办成一流的高职，培养的高技能人才对国家是十分重要的。

冯副校长这一番话，让我意识到这所学校不是普通的大学，而是为国家培养高技能人才的学校。这是很有必要的。我们是搞工程技术的，你光有好的理念、好的技术解决方案，如果没有好的技术人员去执行、去实施，就成了纸上谈兵。合肥通用职业技术学院就是要培养工程技术人员，所以我们始终坚持走高等职业教育的路子，着重培养学生的"工匠精神"。

Q：办学过程中遇到过哪些困难呢？

A：困难肯定是有的，直到现在也有不少。但是我们不会被难倒，而是努力克服。具体的我就不讲了，总之现在学校的发展情况良好。我们每年大概有 5000 名在校生，而且我们包分配，分配率达到 96% 以上，基本上是一抢而空。很多优秀学生没毕业就被大企业盯上了。他们参加工作后，口碑也非常好，很多人成为全国五一劳动奖章获得者、全国高技能人才，对国家、对行业，都发挥了很大作用。这一点是我非常自豪的。

Q：办学那么多年，跟年轻学子接触也不少了，对他们有什么建议吗？

A：根据我的观察和体会，现在的年轻人都很聪明，学习能力强，吸收新事物很快。当然，他们拥有的学习资源也比我们当年好得多。这是大有希望的一代人！要说建议，我觉得可能年轻人要接受一点挫折教育。就像我刚才说到，进入社会以后并不是一帆风顺的，很多情况下你会受委屈，甚至遇到挫折，但是不用怕，要坚定信心信念、坚定理想，一切困难都会过去的。

（2017 年 5 月 13 日，浙江大学）

尤 政：

自我兴趣与科学研究相契合，是我不断前进的动力

人物小传

　　尤政，1963年生，江苏扬州人，机械电子工程专家。1985年考入华中工学院（华中科技大学前身），1990年获工学博士学位。在国内率先开展微纳技术及其空间应用研究，在基于微纳技术的航天器功能部件微型化方面，研制了一系列具有国际先进水平的微型化、高性能的空间微系统并实现了在轨应用。同时，在我国率先开展了微卫星技术创新与工程实践，作为总设计师主持完成了NS-1等多颗微卫星的研制，其中NS-1卫星是世界上在轨飞行的最小的"轮控三轴稳定卫星"，为我国空间微系统与微卫星的科技进步做出了重要贡献。2013年当选为中国工程院院士。

尤政院士是典型的"学霸"——他当年在华中工学院（华中科技大学前身），花了八年半时间本硕博连读，随后进入清华大学博士后站，三十岁就当上了正教授。这样的人生履历，加上他娓娓道来的讲述，自然对聆听的学子们产生了极大的激励作用。毕竟，榜样的力量是无穷的。

求学：从具体入手，培养学风和能力

Q：青少年时期，您就读于扬州中学，能谈一谈当时的情况吗？

A：扬州中学是一座有历史传承的学校，出过朱自清、胡乔木等知名老校友，还出过四十九名两院院士。这对于青年学生有很强的激励作用。扬州中学的教育理念也很好，老师重在方法传授，并将类似题目归类，举一反三。这种总结规律的思维方式对学生的影响很大。

我的志向也是在扬州中学立下的。高一那年，学校组织观看了美国阿波罗号登月的电影，当时我就入迷了。后来阿姆斯特朗在月球表面"漫步"的场景，始终在我心头萦绕，我很好奇：阿波罗号飞船的结构是什么样的？它是怎么制造、怎么控制的？我们中国人什么时候才能踏上月球呢？从此以后，我确立了研究航天器的志向。

Q：当时有相关专业的学校有哪些，您又为什么选择了华中科技大学？

A：我是 1981 年参加高考的，那时候华中科技大学还是华中工学院（简称华工）。我呢，填志愿的时候教务处长就说，华中工学院是华中机械学院和中南动力学院合并的，实力很强，所以第一志愿就填了工学院。

我是本、硕、博连读，读了八年半。1985 年本科毕业读硕士，念了两年，免试毕业读博士。这是华工的特例，也体现了当时研究生院的创新精神，为我们提供了这么好的机遇，我要表达衷心的感谢。

Q：八年半的求学生涯，您对母校的感情一定很深吧？

A：是的。我在华工遇到了最好的老师和最好的教育。我的本科班主任是刘玉华老师，硕士导师是李光明老师，读博士时杨叔子老师是正导师，杨宗明老师是副导师。李光明老师为人师表，一辈子兢兢业业。当时我们就知道，他拿自己的钱从美国买了台计算机，回来搞科研，在我们心目中的形象非常高大。

在校期间，还有一件事对我影响比较大。那时候学校为了抓学风办作业展览，把第一学期的作业在第二学期拿出来展览，上面写有工整度、正确度。这对我来说震撼很大，（这）让我知道，做事情、做工作要从最小的事情开始做起。前两天，我看到别人把"两弹一星"元勋的大学笔记拿出来，（是）用印刷体英文写的，简直就像一本书。我觉得将来做科学研究的人，应该从每一道题、每一个作业、每一个具体的事情来培养自己的学风和能力。

Q：您入党也是在这期间？

A：是的。大一的时候华工办党支学习班，因为我毛笔字写得还行，就让我去抄党章。这件事对我触动还是很大的。我 1998 年入党，到现在为止也有近三十年党龄了。我觉得很自豪，华工不仅教给了我们知识，而且教会了我们该怎么做人。这两个方面对我的启发都很大。

Q：后来您去了清华，并且留在了那里，当了清华的副校长。这是什么样的机缘呢？

A：华工的课题组跟清华有很密切的科研往来，所以我就去清华做博士后研究。如果说博士阶段是跟着导师的方向做课题，那么博士后阶段的重点，就是培养独立的科研能力了。在这方面，清华提供了一个非常好的平台。因为清华的博士后制度和国际上是接轨的，对初级研究者帮助很大，我可以说是站在巨人的肩膀上做研究。1992 年我博士后出站，就以副教授资格留校，这也是破例。1994 年，我已经是正教授了。

科研：送小卫星上天，培养科研人才

Q：您是什么时候真正实现自己的理想，研究航空器的？

A：工作一段时间后，学校派我去搞卫星，因为我们清华的老校长讲，清华不能只在地球表面上干活，必须上天，必须下海。所以我就带了一支队伍去英国学习卫星技术。当时美国的态度是，你给我钱，我给你做一个放上天就完了。而我们是要自己做，所以就去了英国。应该说双方合作很愉快。我们学到了很多，改进了方案，做出了中国第一颗微型卫星，四十几公斤重。后来我们总共发射了七颗卫星，最轻的重一百一十克。

Q：一般人概念里的航天器，是航天飞船、卫星这样的大家伙，而您做的是微型卫星。能给大家科普一下吗？

A：微型卫星就是小卫星，分量轻，从几十公斤到一百多克。根据我的理解，微型卫星有三大作用：

第一，弥补大卫星的功能不足。大卫星有几吨重，而微型卫星呢，能做到像掌上电脑那么大，然后通过网络，让好几颗微型卫星构成一个系统。这个系统具备的功能，可能是大卫星达不到的。举个例子。光学的分辨率和镜头相关，但镜头不可能做到无限大，比如镜头的直径十米，你怎么发上天？有科学家就提出，发射几个小卫星，每个带着一面小镜子，这些小镜子到天上以后，构成位置关系固定的大望远镜。这就是大卫星不具备的。

第二，高效率地培养工程人才。我们一个大学、一个团队，十五年时间，发射了七颗微型卫星，培养了三十多个学生。他们后来全部分到航天系统，有的已经做到了副总经理、总师、副总师。用人单位评价都很好，说在我们这边锻炼过以后，他们的系统观念特别强。

第三，采用先进技术。发射微型卫星，我们用的是微纳米技术，在同样的条件下它的功能最高，能够达到世界领先水平，这是科学工作最需要做的。

Q：目前我国的卫星技术达到了什么水平？

A：改革开放以来发展速度非常之快。我们现在（指 2016 年）有 150个卫星，除了美国（700 多个），只有俄罗斯跟我们差不多。相比其他国家，我们还是有些优势。而且随着卫星的普及与发展，大家也会逐渐感觉到它给我们生活带来的改变，包括气象卫星、通信卫星等。

从技术角度来讲，我们希望中国的卫星将来能变成一个使命与寿命无限长的东西。大家都知道，因为一个小零件的损坏，几十亿元的卫星便毁于一旦了。我们就构想，卫星系统能否无线化，如果有什么部件损坏，换掉以后还能重回轨道，实现使命与寿命的最大延长。如果将卫星大卸八块地置于天上，意味着每个部分都需要控制，需要进行无线的信息与能量的传输。

这样的系统会成为一个不可摧毁的系统。它的分身这么多，就算有一个部分被进攻，我们也可以再整体重新组合，构成一个新系统。如果能成功，对整个航天技术的发展将是革命性的。当然，这需要发展许多新技术。我们希望用 20 年到 30 年实现这一目标。

Q：所以虽然这个过程很磨人，但您乐此不疲？

A：是的，如果做一个科研项目，既能服务国家，又能培养学生，还能用科学的办法来做出一些没做过的事情，那何乐而不为呢？所以我身在其中，非常自豪。我们做实验可能几天几夜不能睡觉，但是只要看到我们的卫星在天上成功地运行，心里就很欣慰。

感言：把小事当大事，把大事当小事

Q：从事科研那么多年，您觉得，作为一名科研工作者，最应该具有的品质是什么？

A：坚持。搞科研跟跑 1500 米一样，跑到 800 米的时候很多人觉得那口气上不来，就放弃了，其实坚持下就过去了。我在学校做课题的时候，承担了国家的一个重点项目，白天实验做不出来，着急得不行，后来晚上实验就做出来了，可白天一看又不行。当时就真的很绝望。但我们没有放弃，而是认认真真分析。结果是什么呢？我们做的是一个纳米测量仪器。白天外面大马路上汽车多，干扰大，深更半夜安静下来，实验就成功了。

如果我们不坚持，没在晚上相对安静的时段做实验，就有可能在终点之前自己就放弃了。所以我觉得，做科研要熬得过坎。这个坎指的就是你要通过孜孜不倦的努力，发现一些规律，最后才能解决问题，获得成功。

Q：对于刚刚走上科研岗位的年轻人来说，（他们）做的多是基层工作，是小事情。这难免同理想产生一些落差，怎么调整这种心态呢？

A：我是这么理解的，大事和小事要从不同的侧面去看待。任何事情，即使是再小的事情，你做的时候就应该把它当作大事来做，认真对待，做到尽职尽责。但是做完了以后，就得把它当作小事。因为如果取得了成绩，这成绩也属于过去。你做了这点东西，和很多事情相比可能就是小事。你看很多院士就对自己一生的成就轻描淡写，我想就是这个道理。

Q：现在很多应届生第一选择是考研，但也存在"为了考研而考研"

的情况，对此，您有什么建议吗？

A：首先，读研是汲取知识的过程。研究生阶段，应该有意识地完善自己的知识结构。我本科学的是机械制造，硕士学的是电子制造处理，博士学的是光学，不断丰富自己的知识面，以不变应万变，最终实现自己的知识综合运用。

其次，读研是寻找自我潜能的过程。教育最大的成功是激发学生的内在潜能，由此实现自我超越，并将潜能与学校专业及国家需求进行较好的磨合。从本科到博士阶段的科研历程中，我一直认为国家要发展，质量居第一位，不测量，工业水平上不去。这种自我兴趣与科学研究相契合，成为我不断前进的动力。因此，要学会将自我的内在潜能与国家的需求相结合。

我相信，具备这两点，无论身居何职，均能做得很好。

Q：对年轻的科研工作者，您有什么寄语吗？

A：作为中华人民共和国培养起来的新时代青年，应当不辜负国家培养的要求。年轻人需要有爱国精神，只有将自身发展与国家发展紧密联系，你的成长才能符合社会要求。随着社会的进步发展，你也能有很好的机遇，随之会有愉悦的心态。老师、领导和社会在不同的阶段给予我们很多，因此，我们要努力做好本职工作，更好地服务社会、回报社会。这是我们重要的责任与义务。由此可以不断前进，获得正向的反馈。这也正是我从自己的经历中体会到的。

（2016 年 5 月 4 日，华中科技大学）

栾恩杰：
只有自力更生，才能挺起民族的脊梁

人物小传

栾恩杰，1940 年生，辽宁沈阳人，导弹控制和航天工程管理专家。1968 年清华大学精密仪器系研究生毕业，曾任国防科学技术工业委员会副主任兼国家航天局局长，参与组织、主持首型潜地战略导弹和首型陆基机动中程战略导弹研制。参与组织、主持首次月球探测工程，提出深空探测"探、登、驻（住）"和"绕、落、回"的技术发展路线，开辟了深空探测新领域。在航天型号和工程研制工作中取得了一系列开拓性和创新性成果，为我国武器装备和航天事业发展做出重大贡献。2009 年当选为中国工程院院士。

　　栾恩杰一辈子只干了两件事，分量却很重很重：一是参与和主持潜地战略导弹的研制，二是启动"嫦娥探月工程"。前者打破了国外对中国的技术封锁，让中国人挺起了脊梁；后者则展现出中国人具有向宇宙进军的宏伟志愿和相应实力——提起这两个人生中的"高光时刻"，栾恩杰的情绪不禁激昂起来，向在场的莘莘学子，追忆起那段峥嵘岁月。

立志：是党让我选择了陀螺专业，我决不能辜负党的嘱托

　　Q：栾老，您是 1960 年考入哈尔滨工业大学（简称哈工大）的，当时的条件应该比较困难吧？

　　A：是的，那正是三年困难时期，大学的条件也非常艰苦。我们一间宿舍住了 14 个同学，只能在地上搭大通铺，连书桌都没有。那我们怎么学习呢？我就找来块三合板，搁在腿上当书桌用。有一次我的眼镜腿掉了，就找了根绳子系上，挂在耳朵上。总之，条件是比较艰苦的，饭也吃不饱。

　　但哈工大的学习气氛非常浓厚，我也很用功，期末考试成绩很好，还当上了学习委员。哈工大校报还来采访我，要我介绍学习经验。我说就是多做题，那个记者就写了一篇文章，刊登在校报上。我和几个课代表还总结了各自的学习体会，印成材料发给大家，互相交流，不让一个同学掉队。

　　Q：您刚开始进的是机电系，后来为什么转到控制系了？

　　A：我是正好赶上了哈工大的专业调整。控制系主要学习陀螺原理、

仪表及惯性制导什么的。这个陀螺仪是飞行器的核心器件，飞机、导弹、飞船等飞行器，飞行时的姿态就由陀螺仪控制，所以它对于国家的科技事业和国防事业具有重大意义。学校安排我学这个，是出于对我的信任和期望。所以我一再说："是党让我选择了这个专业，我决不能辜负党的嘱托。"

幸运的是，我遇到了非常负责任的老师。哈工大的老师教给了我基本的、扎实的功夫。虽然技术千差万别，但原理万变不离其宗，这是我这么多年工作的体会，也是哈工大对我的教育和培养。

Q：从哈工大毕业后，您又考了清华的研究生，继续主攻陀螺专业？

A：我是在父亲和舅舅的鼓励下考清华的，主攻静电悬浮陀螺。这在当时属于尖端学科。我也是在清华入的党，那是非常光荣的事。所以我感恩清华，因为是清华给了我政治生命。毕业后老师问我志愿，我说参军，老师就极力推荐，把我送进了负责航天工业的"七机部"（原第七机械工业部）。当时的大学生，都是听从党的召唤、祖国的需要，但清华是按照我的愿望让我参加国防建设的，这个恩德，我永生不忘！

攻关：突破外国封锁，为中华民族争一口气

Q：然后你就坐车去了内蒙古？

A：是的，"七机部"在内蒙古组建了一个固体火箭研究院，研发固体火箭。那时我们的导弹都是液体的，燃烧剂和氧化剂要分开点，等到用的时候，分别把推进剂、燃烧剂和氧化剂注入，时间非常长。那要打活动目标，就很麻烦。因为从你接到命令到注入推进剂，目标早就改变了位置。所以国家一定要拿出第二代武器，也就是固体导弹什么时候都可以点火，机动性强、反应速度快，这是航天动力系统和航天运载系统的关键技

术。国家就在内蒙古搞了个研究院，我被分配到那儿。

Q：这一干就是二十多年，研发过程中您遇到的最大困难是什么？

A：技术封锁。固体火箭发动机属于尖端科技，苏联不给、美国禁运，对我们实施严格的技术封锁。我们可以说是一无图纸、二无资料，但是毛主席的"我们自己搞，一万年也要搞出来"这个话激励着我们。我们怀着为中华民族争一口气的信念，一定要攻坚克难。经过二十多年努力，导弹终于在1988年定型，并且试射成功。

那时候我已经是十三届中央委员了，开全会的时候，我从靶场回来在全会上作汇报。我说经过全国人民的支援，党中央、军委、国务院的英明决策领导，按照毛主席的指示：一万年也要搞出来。我们提前九千九百多年完成了任务。如果老一辈无产阶级革命家还在世的话，会非常高兴，那是他们的夙愿。

Q：您一辈子做了两件大事：一件是研发固体火箭，另一件就是启动嫦娥探月工程。您1998年出任国家航天局局长后，第一时间就启动了这个工程。当时是出于什么考虑？

A：那时临近21世纪了，我的想法是，中国航天将以什么样的面貌展现在新世纪面前？我们的近地轨道已经有一定能力了，完全可以登上月亮。那中国人就要去表达这个能力——站起来的中国人民、强大的中国人民，在党的领导下，从一穷二白到今天，有了火箭、卫星、飞船，能够登上月球。同时，中国科学家将以月球探测为生存探测的切入点，提升航天技术的发射进入能力、探测测控能力，开拓声控探测领域。所以我启动嫦娥工程，初步想法就是表达能力、提高能力，证明中国可以去，就是这么简单。

2004年大年初二，温家宝总理批准了探月工程计划。我非常激动，当晚就写下一首诗："地球耕耘六万载，嫦娥思乡五千年。残壁遗训催思奋，虚度花甲无滋味。"所以探月工程，就被命名为"嫦娥工程"。我以工程总指挥的身份，聘请了各领域的资深科学家，因为这些人不仅科研经验丰富，而且承受风险的能力也比较强。

Q：没算错的话，当时您已经 64 岁了？

A：是的，年纪大了，时不我待。按照规划，2004 年是嫦娥工程的开局年，2005 年是攻坚年，2006 年是建造年，2007 年要顺利"飞天"。可以说紧锣密鼓、一环扣一环，这在航天史上都是罕见的。这确实不容易，其中的酸甜苦辣一言难尽。有时候我会觉得很累，但我愿意干下去。因为这是于国于民都有利的事业。

现在国际宇航界都在探讨对太空、对月球的探测。美国、俄罗斯、印度、日本提出了各自的深空探测思想，并做出探月的具体安排。我们的嫦娥工程正符合世界航天技术发展的潮流，也表明了中国航天科技基础的实力。肯定地说，这个工程令世人瞩目，是对中华民族具有凝聚力的工程。

教诲：质量永远是第一，成功才是硬道理

Q：您搞了一辈子科研，为中国的国防事业、航天事业做出了卓越贡献，最触动您的是什么？

A：我赶上了中国航天创造的很多第一。我感到，没有哪一项事业能像航天这样，体现高科技的实力和综合科技的发展；也没有哪一项事业的成功能如此凝聚全民族的力量，振奋全民族的精神！所以我期望，有更多的年轻学子投身中国的航天事业，你们一定能大有所为！

Q：那么您最想跟年轻的航天人说什么？

A：别人不会实实在在地帮我们，也不会长时间地帮我们。我们和外国人可以做朋友，但在利益面前，一旦发生冲突，友谊可能就破裂了。所

以中国人只有自力更生、独立自主，拿出自己的武器，才能真正挺起民族的脊梁。没有这个脊梁，你说话都不算数。我们有了潜地导弹，给国防增添力量，就在世界上有了发言权。我们搞了嫦娥工程，表达了中国人有登月的能力，我们在太空中就有了发言权。

Q：对于一名航天工作者来说，最重要的品质是什么？

A：质量永远是第一位的，成功才是硬道理。航天是个风险性极大的事业，我这三十多年看得多了，发动机出过事、控制系统出过事、计算机出过事、弹头出过事、地面设备出过事，几乎没有没出过事的地方。我每次去试验场都要落泪，成功了高兴得落泪，失败了痛苦得落泪。为了减少痛苦，航天人就得精益求精。所以我总结了成功的经验和失败的教训，提出了"质量技术问题归零"的概念，同时确立了五条判别标准："定位准确，机理清楚，问题浮现，措施有效，举一反三。"后来，"质量技术问题归零"的概念及五条判别标准被大家所接受，现在成了国防工程的标准。

Q：您还是一位"文学老年"，喜欢读书和写诗，能谈一谈吗？

A：我的业余爱好，一个是读书，在我家里，桌上、床上甚至卫生间里都有书，一有时间就读。我通读过《鲁迅全集》，《论语》反复读了三遍。另一个爱好，就是写诗，出版过《村子情怀——栾恩杰诗词集》。在这本书的后记中，我写下了对诗歌的认识："诗为言声，且有声外之意。一首好诗，其韵和词，读起来有似铁珠落地，铿锵之响，给人以清脆、振奋之感；有似涓涓细语，潺潺之声，让人心醉。"

（2016 年 3 月 24 日，清华大学）

赵晓哲：

只要努力向前走，遍地都是鲜花

人物小传

赵晓哲，1963 年生，辽宁大连人，中国工程院指挥控制与信息系统工程专家。1992 年毕业于大连理工大学管理学院，获博士学位。现任海军大连舰艇学院教授、博导，兼任西北工业大学教授、博导。长期从事军队指挥控制信息系统工程领域的技术研究、工程管理和教学工作，我国作战软件系统工程的主要创始人之一，取得了一系列创新性的研究成果并得到广泛应用。建立了我国自主研制作战软件系统的工程管理体制，主持研制了层次化、系列化的舰艇作战软件系统，构建了三级辅助指挥决策体系。主持建设战术学国家重点学科，建成战术学和军事运筹学博士点和博士后流动站。2011 年当选为中国工程院院士。

赵晓哲院士给人的印象，可以这样来概括：优秀的政治品格、演进的科研态度、强烈的爱校情怀。可以说，这位海军少将以他的亲身经历和温暖言语，让在座的年轻学子们，领略了院士的专业风采和高尚情操。

求学：条件简陋，但很充实很快乐

Q：您 1980 年考入大连理工大学，读的是计算机专业。那时候摸过计算机的人都没多少吧，您是怎么看到这个专业的前途的？

A：我成长的岁月恰逢改革开放，新的事物、新的思潮、新的技术都涌进来了，当然先进的电子技术也来了。不过说实话，一直到进大学校门前，计算机我从来都没有摸过，只是在电视新闻里看过，知道计算机能做一些人脑能做的事。我自己比较喜欢做动脑的事情，就想如果能学计算机应该挺好的，并且当时的想法是，学完了就能把计算机给制造出来。

正好我的姨夫在咱们学校（大连理工大学）搞通信，他被派到日本做访问学者，1979 年回国。他给我讲了好多计算机的事情，那种神秘感以及我对计算机的崇拜感，就在心里产生了。所以高考报专业的时候，我报了咱们学校的电子系。

怎么是电子系呢？因为那时候还没有独立的计算机系，而是隶属于电子系。我们一共六个班，一班、二班是雷达通信方面的，三班、四班学习电磁控制，五班、六班是学习计算机的，我就是五班的。到了 1981 年，学校把 1979 级电子系的计算机专业和力学系的一个班，加上我们 1980

级电子系的这两个班，再加上1981级的三个班，合在一起成立了计算机科学工程系，总共三个学年八个班，在主楼东侧楼的两层。

Q：当时的学习情况是怎么样的？

A：我们什么都学，从电子元器件到电工电路、逻辑电路，到计算机系统结构、数据结构，到汇编语言、程序语言。

Q：那时的计算机跟今天不太一样吧？

A：那跟今天是不能比的。现在计算机是拿键盘输入，那时候往计算机里输程序、输数据都要靠纸带，纸带上有孔。孔的排列有点类似摩斯电码，是由专门的打孔机器打到上面，然后才能输入计算机。

那时候上机很麻烦，整个学校只有一间机房，上机需要预约，而且很困难。学生一般都会约到下半夜使用，因为老师也要用。我们都是平时把程序编好，纸带打好，再上机一个小时把程序调试出来。最害怕的是纸带输进去被吐出来，说是有错误。我们总结出了一个简单的方法判断对错，如果一排孔是奇数个，那就对了；如果是偶数个孔，那就出现错误了。

但是纸带那么长，孔那么多，怎么数呢？我们想了个招，晚上在宿舍，坐在上铺一人拿一个手电，另外两个人分别坐在上下铺拽着纸带，让光透过纸带打到对面墙上，其他几个人瞪着眼睛数奇偶数。"一二、一二、一二"这样数，如果数到二停了，那就大喊"偶孔！"，赶紧拿笔标记一下。当时还出过笑话。我们宿舍的同学，有一次半夜睡觉做梦，大喊一声"偶孔"，把我们全宿舍的人都喊起来了，所以后来他就得了"偶孔"这样一个绰号。

现在说起来好像很艰苦，但我们那个时候一点也没觉得苦，反而回忆起来觉得很快乐很充实，这个小纸带我到现在看着也还是很亲切。

Q：本科毕业后您又读了硕士、博士，也都在大连理工大学。据说，这一点让您特别自豪？

A：是的，很自豪。那时候考硕士很难，一百个里只招三五个人。我最初学计算机的时候，不是想着能把这东西造出来吗？但后来我们去上海的一个计算机厂实习，发现了两个问题：第一，我自己造计算机可能有困难，因为我不是那块料；第二，从当时中国的发展水平来看，恐怕也造不出计算机。

但我想不会造没关系，可以用计算机。我编程序水平是很不错的，能用纸带做出万年历程序。这在今天没什么，但当时用 PDP-11 机器做这样的程序也是很困难的。所以我决定用好计算机，找一个适合的工作岗位。改革开放后中国大力搞经济建设，大型的工程项目很多，系统工程很热，于是我考取了系统工程专业，并且有幸跟王众托院士学习，获得了硕士和博士学位。

信念：我就是想把这件事做好，而且要准时做出来

Q：博士毕业后您进入军事单位，那您是如何同军队结缘的呢？

A：当时地方搞现代化，军队也在搞现代化。军队现代化不外乎三个方面：一个是军官的现代化，第二个是武器装备的现代化，第三个就是作战指挥的现代化、自动化。为了搞指挥自动化，海军就在大连舰艇学院成立了科研所，那就需要人才了。因为离大连理工比较近，就先来这儿招人。恰巧，计算机我学过，系统工程我也学过，还学过决策支持系统，所以最后就找到了我。谈了谈我也挺感兴趣，于是就这样去了。

Q：您是 1992 年去的大连舰艇学院，那时候的科研条件还比较简陋？

A：肯定是不如今天的。二十世纪八九十年代的时候，要往舰艇上装

指挥信息系统，实装之前首先要在海上把所有的实验都做透，而做实验一定要有实验的舱室。但是舰上空间很狭小，没有专门的实验舱室，所以就用了一个类似集装箱的东西，按着舰上的大小做了个临时舱室。把设备放进去之后，里面就只够两三个人转身。条件确实很艰苦，冬天特别冷，夏天又特别热，整个是"夏暖冬凉"，但工作起来没有人在意这个事儿。

Q：您这埋头搞科研就是二十多年，是什么样的信念支撑着您？

A：当时并没有现在这个"理想""信念"之类的想法，要说有什么东西支撑着我，就是我想把它做出来，而且想要准时做好，我觉得这是很重要的。但凡你有兴趣的、热爱的东西，就会认真地去做，而且会在做这件事的过程中以及成功后的收获中找到充实感、喜悦感，那就不会感觉到劳累和艰苦了。

教育：身教比言传更重要

Q：除了科研，您也投身教育事业，培养了大批博士、博士后。那么对于大学教育，您有什么看法？

A：我们常说的"三观"，一定是在读大学的时候建立起来的，因为中学天天忙着做卷子，是没有办法形成三观的。所以大学教育非常重要。我经常讲，人一生有两个"亲娘"。一个是生我养我、把我带到这个世界并养大的亲娘，另一个就是大学母校，这是育咱教咱的地方。拿大连理工大学（简称大工）来说，它是共和国成立前夕由中国共产党一手建立起来的大学，可以说是共和国的儿子。所以，历届大工学子都怀有报效祖国的信念和决心，这是大工红色基因最根本的一部分。大工还有朴实、求实的作风以及开放的心态，我们的校训就概括地很好："海纳百川、自强不息，厚德笃学、知行合一"。

当然，如今的大工变化很多，校园美了，树长高了，楼多了，学科齐全了，队伍壮大了，科研实验环境条件好了，我们的学弟更英俊潇洒了、学妹更大方漂亮了。但是大工传递给学子的"三观"，也就是我上面说的那些，并没有变，这就是传承。

Q：那么就教师而言，您觉得最重要的品质是什么？

A：身教比言传更重要。我就举导师王众托院士的例子吧。我跟了先生两轮，1984—1987 年读硕士、1989—1992 年读博士。我认为他对我来说是"终身为师，终身为父"。他教会了我做人、做事、做学问，而且是身教比言传要多。做人严谨、朴实、诚恳、内敛，这是我从他身上学到的东西。我相信只要是跟他读过书的人都会有这种感觉：做事务实、开放、坚韧，做学问求真、求是、求实、求新。

1984 年我开始读硕士，先生就鼓励我们到实际工作中去找课题，学会应用系统工程。我选了两个题目，一个算是练习，在鞍山钢铁公司无缝钢管厂搞企业管理；另一个是毕业课题，在辽宁西北部和内蒙古交界处搞农村区域发展规划系统。当时系统工程应用和计算机工程应用都刚刚起步，所以先生亲力亲为，带着我们一段程序一段程序地做，一个数据一个数据地调试，一个结果一个结果地比对。而且每一件事，他都要求我们一定要说出为什么要做，一定要明白到底在做什么，做出来之后也一定要想这东西和当时自己想的有什么差别，为什么会有这样的差别，以及如何改进，等等。

Q：而且听说王院士也特别具有"用户思维"，为用户考虑？

A：是的。后来我们做人机界面，说实话，那个年代用计算机做个图、做个动画比登天还难。但先生教导说，不要觉着人机界面难就不去做，也不要觉着把一个数据输入做得很方便、很形象是雕虫小技。咱们搞工程决策的人大多重视模型和推理，但对用户来讲，界面就是他看到的全部。这句话我记得非常深。现在我做海军的系统，我仍然经常给同事讲这句话。虽然我跟先生只念了不到七年书，但他身上的这些品质让我终身受益。

Q：那么王众托院士对学生的论文是怎么指导的呢？

A：我们取得了什么成就要发表论文，都是要拿给先生看的。他对我们的要求，从来就是"有十说八"。我们就问为什么啊，"有十说十"行不行？先生说，你们要是觉得别人不管怎么问，你们都能说得上来，那没问题，可以"有十说十"，不然就只能"有十说八"。这其实是教育我们要谨慎、谦逊，科研工作来不得半点虚假。

Q：您的科研经历和教育理念，对今天的学子有很多启发。但毋庸讳言，时代毕竟变了。现在的学生，无论专业上还是职业上，选择比您那时多多了，但也因此会产生迷茫。对此，您有什么建议吗？

A：我想这三条很重要：第一个是你有没有兴趣，第二个是你的志向是不是在这儿，第三个是你热不热爱这件事。确定了，你就去做相应的选择。这时候，你就要注意，不能只看到成功的事例，一定要发现成功背后的艰难和痛苦。每一个成功的人，都是从这一关走出来的。

再一个，要量力而行、顺势而为、努力去做，不能把目标定得太高。年轻同志眼高手低是最可怕的事，还是要扎扎实实从最底层做起。我的孩子在国外学习，他要学农业经济，跟我商量毕业之后做点什么。我说如果你想做农业，你就一定要到农场去看一看农作物怎么种、怎么卖、怎么经营。一定要从基层做起。当你的职业稳定后，你回头想你的求学、择业再到就业，这些过程看起来都是由偶然事件撮合的，但要是把它们串起来看，这些偶然事件当中都有很强的必然性。

Q：（这是）既语重心长，又非常实用的意见了。那么最后，您能为年轻人送上一句寄语吗？

　　A：成功的鲜花，一定是从开拓路上的荆棘当中采集到的。我们只要努力地向前走，遍地都是鲜花。

（2016 年 10 月 13 日，大连理工大学）

无惧坎坷 为国尽瘁

潘　垣：
个人的追求必须同国家的追求高度统一

人物小传

　　潘垣，1933 年生，江苏扬州人，磁约束聚变技术和高功率脉冲电源技术专家。1951 年考入武汉大学电机系，1955 年毕业于华中工学院（华中科技大学前身）。现任华中科技大学国防科技学术委员会主任。我国最早从事核聚变研究主要成员之一，磁约束聚变技术和大型脉冲电源技术主要开拓者，主持和参与三套聚变装置研制和一套装置升级改造。在中国环流一号研制中负责工程方案设计、总体电磁工程、脉冲电源及总控系统等，创造性地解决多项重大技术难题。还将聚变电磁工程技术成功应用于国民经济和国防建设，取得多项成果。1998 年调入华中科技大学，发展了超导电力、脉冲功率及应用、等离子体生物医学、电场催化人工降雨/雪、脉冲强磁场等一些新的学科点。其中脉冲强磁场已批准为"国家脉冲强磁场科学中心"，成为当今世界四大脉冲强磁场实验室之一，为华中科技大学的学科发展做出了重要贡献。曾获国家科技进步一等奖，中科院和核工业部科技进步一等、二等奖多项，以及教育部科技进步一等奖。1997 年当选为中国工程院院士。

潘垣院士已经年过八旬，进入耄耋之年了。不过，出现在"院士回母校"活动现场的他，依然精神矍铄、侃侃而谈。他从抗战亲历记讲起，追忆了自己的求学和科研历程，并且给年轻人留下了谆谆教导。潘垣院士的言谈举止，深深感染了每一位有志于为祖国做出贡献的青年学子。

少年：战乱中淬炼出家国情怀

Q：潘院士是 1933 年生人，经历过抗日战争、解放战争，少年时代经受过磨难。如今回想起来，您觉得这段经历，对自己意味着什么？

A：可以说我的家国情怀就是在那个阶段树立起来的。我今年（2017年）84 岁，一生历尽坎坷。1933 年我出生于湖北宜昌，两岁多时父亲去世，四岁时全面抗战爆发，七岁时宜昌失守，我跟着母亲逃难，和老乡在山洞里头躲了一个多月。那时的生活条件异常艰苦。我母亲在旧社会守寡，苦得很，我们的主食就是高粱、懒豆腐、包谷面饭。什么是懒豆腐？把黄豆磨成浆，煮开，放点菜叶再烧，最后煮成一锅白色的东西。实在没东西吃时，就吃这个。

因为一直处于战乱之中，跑来跑去，光小学我就读过三个。好在我蛮聪明的，也蛮用功。晚上没有电灯，只好点木制的桐油灯，在昏暗的灯光下学习。我读书的目标是什么呢？这是我外祖父给定的。他是清代的秀才，受礼教影响很深。从小时候起外祖父就一直讲，我们家以耕读为本，讲孝悌忠信礼义廉耻，再困难也要读书。他还讲岳飞的故事，教导我们要精忠报国。

这样的家庭教育，加上亲身经历的战乱，中国人被侵略者欺负，使我深深认识到一个道理：没有国哪有家？！我自己对家和国的关系的认识、家国情怀的种子，从小的心灵中就种下这么一点。

Q：所以您后来投身于核聚变研究，是从小就种下的家国情怀？

A：一开始想得没那么具体。抗战胜利后，我回到宜昌上初中，1949年7月宜昌解放，我正好读完高一。本来我准备参加革命的，但母亲舍不得，死活不肯，我就留了下来，接着上高中。当然我成绩确实很好，数学竞赛考第一、物理竞赛考第二，母亲觉得不继续读书可惜了。后来我又读了两年，高中毕业考上了武汉大学（简称武大）电机系。

为什么会选择武大、选择电机系呢？这就要提到我的高中数学老师郑登福。他是武大电机系毕业的，教书的同时，还担任宜昌电厂的总工程师。郑老师总是鼓励我们努力学习，将来建设三峡电站，造福国家和人民。我是受他的影响才报考武大。第一志愿武大电机系、第二志愿武大机械系、第三志愿武大物理系。我的梦想就是读完大学回家乡建设三峡。

Q：您是1951年考入武大的，当时的校园环境怎么样？

A：我第一次在武大那食堂里吃饭，感觉就不一样，为什么？我小学六年级就开始住读，初中三年全是住读，高中住了一年，最后两年搬到城里以后我走读。住读的时候这真叫抢饭，稍晚一步就没饭吃了。到了武大以后，一看早上有"大红袍"，也就是油炸花生米，午饭有鸡、鸭，那个高兴啊。而且我们是全公费，都是国家出钱，很自然就产生了一种大学生活真好的感觉。

武大的教学也是很不错的。物理老师是戴春洲先生，讲力学和热学，接下来是梁伯贤先生，讲电学。二年级的时候，主课是电工原理，老先生是美国纽约州立大学的博士徐中罗先生。他们都讲得很好。1958年我被选进二机部（原第二工业机械部）的时候，正好部里组织考试，电工原理、物理、数学，我都考了满分，总分第一，清华、交大的都考不过我。所以我马上当上了党小组组长。这个基础就是武大打下的。

Q：那您后来怎么从华中工学院毕业的呢？

A：武大读了两年，全国院系大调整，武大电机系除了无线电专业（搬）去了华南，其他都到了华中工学院，就是现在的华中科技大学。毕业后我被分配到武汉电管局。武汉电管局最早叫中南电管局，管中南六省的电力系统，所以刚开始那几年，我跑了好多地方，江西、广东、广西，我都去过。

1958 年 8 月份组织上通知我到二机部 401 研究所报到，我就去了北京。二机部是搞原子弹的，为什么会选中我呢？我想是因为我社会关系可靠。我叔叔 1936 年参加革命，是红军干部，三个姑妈都是延安抗日军政大学毕业的。

科研：喜欢挑战，越困难越来劲

Q：您在二机部待了二十五年，从青年一直待到中年。您认为，这段时间对于您的人生也好，科学生涯也好，意味着什么？

A：我这一生如果说在学术上有一些建树的话，在 401 研究所是很关键的时间段。我们所长是钱三强，副所长也都是有名的物理学家，比如赵忠尧，他是唯一参加过美国洛斯拉莫斯原子弹试验的中国人。一级研究员里有王淦昌、张文玉、彭恒武，都是很有名的。与他们共事，对我的成长很有帮助。

我刚到所里的时候，正好原子能研究所建好了，苏联还援建了我国的第一个核反应堆。那要剪彩啊，还请来苏联专家做报告，讲核聚变装置。401 所管人事的副所长梁超就带我去听，听完了他拍拍我肩膀说：潘垣同志你就干这个。他是让我去研究受控核聚变。大家知道，原子弹、氢弹发生核聚变就会爆炸，威力相当大。而受控核聚变，就是把原子弹、氢弹的核裂变控制起来，慢慢地释放。这就是核电站的原理了。当然要实现是很难的了，以我搞了一辈子的体会来讲，觉得这是当今世界最难的科学技术问题。

Q：您当时完全没接触过吧？对这个要求，您的态度是什么？

A：我当然不懂，但是我服从党的分配，党叫我干什么就干什么。这是我们这代人的信念。而且我这个人有个特点，越难，还就越来劲。喜欢挑战嘛！所以没什么犹豫的，我立刻投身核聚变的研究当中。

万事开头难。要搞受控核聚变，先要学等离子物理，所以我就到北大听胡继明先生讲课。这门课很难，学生陆续跑光了，没办法，我们干脆请胡先生到401所讲。这是理论课。还有一门技术课——核电子学，由辛贤杰先生主讲。由于老所长钱三强的严格要求，我学了半年多，就进行考试和论文答辩。结果都通过了，那是1961年，我二十八岁。随后我就被提为工程师，拥有中级职称。回想起来，那一段学习经历，给我打下了很好的数理基础，也坚定了我一辈子搞核聚变的决心。

Q：而且后来您还发现，学电力的其实很合适干这一行，当时领导的点将，其实是有的放矢的？

A：对，母校教给我的电子知识是很有用的。学电子的都知道，原子核带正电，两个正电荷接近，会形成强相互作用力，而且是距离越近作用力越强。所以要让原子核聚变，技术难度很大，物理上至少要达到一亿摄氏度！任何材料（都）做不到。只有学过电磁场的知道，有一个洛伦兹力，靠磁场把磁力线编成笼子来抓住原子核。这恰恰是我学过的。我后来去英国的一个研究所做访问学者，跟他们所长交流。他是法国高等工业工科大学毕业的，也是学电机的。所以说学电力的适合干这个。

Q：所以说大学是打好基本功的关键时期，我们学到的知识，将来总会有用。您到了401所不久就当上大组组长，这在当时算是年纪很轻了吧？

A：1961年下半年，我被提为工程大组组长，算是年纪轻的。当上大组组长后，我就要担负一定的责任了，成了一个聚变装置的负责人。这个装置建成以后，又转去负责另一个装置。到了1969年，珍宝岛事件以后，中央决定建三线，401所全部搬迁到乐山。我们在那里一住就是十四年。从20世纪70年代开始，我就开始独立提出研究方向了。比方说，我提出要重视"托卡马克"。这是一种利用磁约束来实现受控核聚变的环形容器，具体的我不展开说了，反正经过大讨论，我的建议被采纳。

Q：钱学森先生也是听了您的建议，决定加大投入的？

A：那应该是在1971年，我们去向国防科委副主任钱学森和朱光亚汇报。带领我们去汇报的是二机部主管部长李珏，少将军衔，因为他是大学生，所以到二机部管科技。我比较得意的是，虽然我没满38岁，但李部长指定由我主讲。我就讲了要重视托卡马克。我中学时代经常演讲，口才蛮好的。汇报后，国家筹划了一个大型科学工程，总投资6500万，这放在今天，那得值多少钱？那以后我就负责搞托卡马克。1983年我被调去中科院等离子体物理所，待了十多年。当中有一段时间，先是在英国"欧洲联合托卡马克"当访问学者，后来又在美国得克萨斯大学聚变研究所工作，去学习国外的先进经验。

信念：为后代人铺路，让他们少走弯路

Q：您搞了一辈子核聚变研究，做出了突出贡献。但毋庸讳言，距真正的成功还有很长的路要走，甚至您这代人不一定能看得到。另一方面，

八十多岁的您依然活跃在科研一线，我想年轻人都很想知道，您的动力是什么？

A：那么我就讲一讲我在追求什么。简单来说，当然是核聚变了。其实我知道这一辈子搞不出来，但那有什么关系呢？我为后代人铺路，让他们少走弯路，这就是我的想法。要说我坚持至今的初心，那就是毛主席当年说的，中华民族要自立于世界民族之林，科学就一定要搞上去。邓小平同志也讲，科学技术是第一生产力。我就是抱着这样的信念，一心去干的。

所以 1997 年我当选为工程院院士后，第二年就去华中科技大学电气与电子工程学院当教授，就是想培养人才。今年（2017 年）是我来到华中科技大学的第十九年，我做的重大科研项目有十个以上、小项目十几个，这些项目都是交给团队去做的，里面都是年轻人。现在全国电气学科，清华第一，我们跟西安交大并列第二；而在强磁场方面，我们是世界第三、亚洲第一。凭这些成绩，我对年轻科研工作者寄予了厚望。

Q：您从事科研数十年，取得了卓越成就，总结经验来看，您最想跟年轻人分享的是什么？

A：首先，你要了解国家的重大需求是什么，所以必须学习党的方针政策、国家的政策规划，以此把控学习的方向、推动学习的进步，不断充实自己的知识库。总而言之，个人的追求必须跟国家的追求高度统一，先天下之忧而忧，后天下之乐而乐，人无我有，人有我强，人强我新。

其次，所谓"学海无边"，我虽然已经当院士这么多年了，但仍然在学习。我不仅要掌握我主攻学科的前沿知识，主要是能源、电工，还要了解周边的学科。因为现在单一的学科发展很难创新，都是交叉融合的，都要掌握。你一定要用最先进的、国际前沿的技术去搞科研，所以你只有不断地学习，你的知识积累才会快、发展才会快。

Q：潘院士一生经历过抗日战争、解放战争、中华人民共和国诞生，一直到改革开放，可以说是历经沧桑。总结这一生，您最想说什么？

A：我的确经历了社会大变革的时代。从抗日战争到解放战争，到中华人民共和国成立以后，一直到改革开放，社会一直在变革、时代一直在发展。环境在改变，年岁也在增长。我的感悟是，人就要在不断的变迁当中，提高认识、自我发展。

（2017 年 9 月 24 日，武汉大学）

曾恒一：
为把祖国建设成海洋强国而努力奋斗

人物小传

　　曾恒一，1939 年生，重庆人，海洋石油工程专家。1956 年毕业于重庆南开中学，1961 年毕业于上海交通大学。1989 年获建设部授予的"中国工程设计大师"称号。现任中国海洋石油总公司副总工程师、海洋石油深水工程重点实验室主任。几十年来一直从事海上油气田开发工程的前期研究、设计及建造工作，曾获得多项国家奖与省部级奖，为我国海洋石油的发展做出了重大贡献。在"十五"期间积极推进我国海洋石油深水发展战略的研究，为准备实现我国深水技术跨越式发展做了大量的前期工作。作为国家 863 计划领域专家，指导并参与了"浅水大型浮式生产装置关键技术研究"的课题，取得原创性成果，首次提出了"大型浮体浅水效应"概念，为优化设计开拓了新思路并得到了成功的应用。1997 年当选为中国工程院院士。

　　五十多年来，曾恒一院士一直从事海上油气田开发工程的前期研究、设计及建造工作。他对于祖国海洋的热爱、对海洋资源的珍视，可谓溢于言表。同时，他也真诚地追忆了母校——重庆南开中学对自己的塑造和培养，以及他对科研事业的认识和理解。话语殷殷、嘱托声声，曾院士对莘莘学子的劝勉和期望，必将促使越来越多的年轻人投身科研、投身我国的海洋事业。

立志：母校孕育了我走向海洋的理想

　　Q：曾院士从重庆南开中学（简称南开）毕业已经超过了一个甲子，现在提起母校，第一反应会想到什么？

　　A：应该是我们南开的校训："允公允能，日新月异"。我们知道，重庆南开中学是我国现代著名教育家、南开大学创始人张伯苓先生于 1936 年创办的。我们的校训就沿用了南开大学的校训，这也是"南开精神"。张伯苓先生曾经解释过，"允公允能"的意思是发扬集体的力量，尽最大能力为国家做贡献；"日新月异"则要求学生不仅是积极接受新事物，还要创造新事物，走在时代最前列。几十年走过来，这八个字我始终牢记在心。我感到，南开的校训为我的人生打下了很好的基础，孕育了我为祖国富强奋斗终生的理想，激励着我不断前行。

　　Q：好的校训能激励人一辈子！您立志探索海洋也是在南开，令人好奇的是，重庆并没有海，您对海洋的向往是如何建立起来的呢？

　　A：你说得对，重庆是山城，我从小没有见过海。可正因为如此，当我从电影、杂志里看到船在大海上乘风破浪的时候，内心更加充满了向往。正好，南开有船舶模型小组，我加入其中，跟小伙伴们一道制作船舶模型。记得当时的重庆劳动人民文化宫里面有一个水池，我们把模型船放在里面，它跑来跑去，吸引了很多少先队员，也得到了重庆市委宣传部领导的好评。这艘船模还入选过重庆少年儿童作品展览会。这些都给了我很大鼓舞，慢慢就形成了要学造船、走向海洋的决心。所以我一直说，是母校孕育了我走向海洋的理想。中学阶段，确乎是我人生中很重要的历程。

Q：高考时您报考上海交大船舶专业，据说还是冒了一定风险的？

A：是的，因为我想学造船嘛。当时是分区报考，我们重庆在西南区报考，但西南区学校里边没有造船专业，只有华东区的上海交通大学有。按照规定，如果本区没有这个专业，你是可以跨区报考的，所以我就申请跨到华东区考上海交大。工作人员就提醒我，他讲我们西南区的考分不是很高，但华东区的考分很高，你要跨区的话，考不上的风险比较大。

我也很矛盾，因为我在学校的成绩是中等水平，考上海交大确实有困难。但是老师和同学都鼓励我要坚持自己的理想，所以我最后下决心跨区报考上海交大。当时只允许填三个志愿，我第一志愿上海交大，第二志愿还是上海交大，第三志愿是服从分配。幸运的是我考上了上海交大，走上了船舶工业、海洋工程这条路。我回想起来这都是（因为）母校对我的培育。

Q：母校对人的塑造可见一斑。关工委开展"院士回母校"活动的初衷，正是希望像您这样的杰出校友，向年轻学子传递母校精神。这种精神不仅体现在少年立志中，也体现在日常的教学生活中。对此，您有哪些感触呢？

A：是的。我这个人其实出身不好，但是南开中学从来没有嫌弃我，都是在鼓励我。我 11 岁加入少先队、14 岁加入共青团，都是在南开中学。党的教育、南开的精神，都是通过校长、教师传给了我们学生。我这里特别想感谢南开的老校长于传健。他很关爱我们，经常坐到教室后面听课，也听听大家对老师的意见。他经常到体育场、到学生宿舍来看一看，问长问短。老校长还经常去食堂，关心学生的伙食，希望大家都能吃好。所以我们在南开的时候，感到伙食特别好。

南开的老师也很认真。他们敬业地上每一堂课，但是时间又掌握得特别好，从不拖堂。平时老师对学生要求很严格，但是你出了什么错，他们也是非常关爱的，跟你讲这个地方为什么不对、怎么不对，都是在启发你，让你学得更好。南开为什么几十年来都办得那么好？我想，就是因为有这样的校长和老师。

信念：海洋强国是实现民族复兴的必然要求

Q：考入上海交大，可以说是得偿所愿。据说第一堂课您的心灵就受到了极大的震撼？

A：准确说是第一堂形势与政策课。当时老师问我们：中国的领土面积是多少？我们几乎异口同声地回答：九百六十万平方公里。老师摇摇头，微笑着告诉我们，这仅仅是就陆地面积而言，而领土总面积，应该加上约三百万平方公里的领海面积。因此，我国拥有一千二百六十万平方公里的领土面积。就是从那时候起，我们第一次意识到中国是海洋大国，但还不是海洋强国。我们每个人都应该为把祖国建设成海洋强国而努力奋斗。

Q：历史上中国也曾经是海洋强国，只是后来落后了。这个过程您能讲一讲吗，所谓"以史为鉴"，这一定会对年轻人有所触动。

A：中华民族创造过辉煌灿烂的海洋文明，也是造船大国。我们经常说中国有"四大发明"，其实在造船科技方面，我们的古人有六大发明——第一水密隔壁、第二手摇橹、第三桨轮、第四船尾舵、第五船用指南针、第六舰载火炮。就是说从船体结构、动力系统到导航系统、舰载武器，发展得相当完备。你看郑和的宝船，长达一百多米，全木结构，居然能在海上乘风破浪，没有出现问题，这让今天的船舶专家都感到震惊。可以说，中国人的造船技术为世界造船工业做出了卓越贡献。

中国也曾经是航海大国，从公元 7 世纪到 13 世纪，长达 600 多年的海上丝绸之路就是明证。自 1405 年起，伟大航海家郑和的"七下西洋"壮举，吹响了人类向蓝色海洋进军的号角，拉开了世界地理大发现的序幕。郑和的远洋航行比哥伦布发现新大陆早 86 年、比迪亚士到达好望角早 82 年。所以专家说，这是人类最早的远洋航行。郑和船队的规模也是空前的，每次远航船只多达 200 多艘、人员 2 万多名。而哥伦布到达美洲时，编队最大的一次只有 10 艘船、人数 1500 多。迪亚士到达好望角时船队只有 3 艘船、人数 80 多，跟我们是不好比的。这说明中国人是乐于远洋、善于远洋的。可惜后来因为闭关锁国，国力逐渐衰落，鸦片战争后沦为了半封建半殖民地社会。

Q：有一种说法，中国的国门是从海上被侵略者打破的，所以中国的复兴，也要从走向海洋强国开始，是吗？

A：这是很有道理的，因为海洋强国是实现民族复兴的必然要求。世界强国的共同经验是走向海洋，历史经验反复证明，西方主要大国都是通过走向海洋发展成世界强国的。中华民族要复兴、我们要实现中国梦，就一定要成为海洋强国。这里我还想解释一下"复兴"这个词。什么是复兴？就是衰落以后再次繁荣、再度兴盛。中国曾经是具有世界先进水平的发达国家。根据世界经合组织的经济学家麦克森先生在《世界经济千年史》一书记载，中国在 15 到 18 世纪是经济发达国家，全世界 300 多项重大发明中，中国人的就占了 175 项。我们是后来衰落的。所以中国的复兴，就是再次达到世界先进水平、再次成为发达国家。我为什么要强调这一点？是希望年轻人不要妄自菲薄，要有信心，知道中华民族的文明史源远流长，我们的祖先富于创新精神，创造过灿烂辉煌的文化。我们要满怀信心，继续前行。

Q：从一名科研工作者的角度出发，您觉得如何实现伟大复兴？

A：根本靠创新。一个国家要走在世界发展前列，根本靠创新。一个民族要立于世界民族之林，根本也靠创新。习近平主席在党的十八届五中全会上提出了"创新、协调、绿色、开放、共享"的发展理念，并把创新提到了新发展理念之首，所以我们讲科技创新是核心。中华民族的伟大复兴，是靠科技创新来实现的。科技创新的目标也很具体——2030 年我国要进入世界创新型国家的前列，2050 年要建成世界科技强国。2030 年、2050 年，正是年轻科研工作者挑大梁的时候，这是国家赋予你们的重任。所以我希望年轻人不要辜负国家和人民的希望，把这个担子勇敢地担起来。

箴言：每个人都是金子，都有闪光之处

Q：您的满怀激情和殷殷嘱托，感染了在场的每一个年轻人。他们也一定不会辜负老一辈的期望。那么具体到科研工作中，年轻人如何能训练成才，发挥出最大的潜力呢？

A：我讲两个关键词，希望年轻人重视。第一个是团队的理念。我们说项目是人才成长的摇篮，而团队是项目成功的基础。当代科研，不能靠单打独斗，而要靠团队合作。55 年前我们聆听钱学森先生的报告，他以

"苏联航空之父"雅科夫列夫为例子，讲了团队的重要性。雅科夫列夫的团队融合了几十位多学科、多专业的专家，每当他形成一个新的理念，就交给团队。两个礼拜后团队把细化方案反馈给雅科夫列夫，他在这个基础上修改，然后再交给团队，团队再给出新的细化方案。这样往复多次，最后形成了最优秀的方案。这就是团队的力量。没有团队，我们不可能取得好的成果。

另外一个理念是细节决定成败。这对于搞海洋工程的尤其重要，因为海上重大事故往往是忽略细节造成的。2010 年，美国墨西哥湾深海地平线上钻井平台发生爆炸，当场死亡 11 人，造成墨西哥湾污染，赔偿了 400 多亿美元。怎么造成的？当时工作人员刚打完井，准备固井。但他们没有盯着，反而在平台上开庆功会。庆什么功？庆祝十年没发生过故障。结果，固井过程中天然气泄漏，本来是很小的事情，很容易处理，但谁都没有发现，直到酿成了爆炸。这一下他们慌了，手足无措，紧接着又发生了第二次爆炸，整个平台翻沉！就是没有注意这么个细节，结果乐极生悲！

Q：相信年轻人一定记住了：团队合作和注重细节，是科研工作者的两大法宝。不过，科研人员的成长周期是比较长的，可能干了十几年仍然默默无闻，年轻人就不免感到焦虑。对此，您有什么建议吗？

A：你说得非常对，科研人员，尤其是工程技术专家的成长周期是比较长的，但年轻人也不用焦虑，当务之急还是要打好基础。以我的经验，基础打好了，本科毕业五到十年，能在学术上崭露头角，成为工程项目负责人；再过五到十年的技术积累期，就能在工程上取得突出成就，获得国家级省部级的奖励，成为首席专家；再过十几年，有望成为国家级专家。当然我也承认，不可能所有人都成为一流科学家，这毕竟是少数。但每个人都是金子，能不能发光，关键在于你能否发掘自己的闪光之处。自然界有一种补偿原则，当你在某个方面很有优势的时候，肯定在另一方面有不足之处。每个人的天赋也是不同的，所以在漫漫的人生旅途中找到自己的强项，也就找到了通往成功的大门。

（2017 年 4 月 27 日，重庆南开中学）

苏义脑：

立志报国，全面发展　重视基础，加强创新

人物小传

　　苏义脑，1949年生，河南偃师人，油气钻井工程专家。1976年毕业于武汉钢铁学院。中国石油集团钻井工程技术研究院原副院长，教授级高工，博士生导师，油气钻井技术国家工程实验室主任，中国振动工程学会副理事长，北京振动工程学会理事长。长期从事油气钻井工程技术研究与应用，在钻井力学、轨道控制、井下工具和井下控制工程研究中多项创新成果居国际先进水平，形成体系用于生产效益显著；创造性地把工程控制论和航天制导技术引入钻井工程，开拓新领域，提出井下控制工程这一新概念并做开拓性基础研究；主持研制P5LZ四大系列导向钻具和空气螺杆钻具，主持导向钻井工艺技术、高陡构造防斜打快技术研究，均取得显著经济效益；主持设计全国第一口薄油层中曲率水平井轨道控制方案并负责实施成功，首创钻深2080 m处水平击中6 m靶窗中线仅偏0.14 m；主持研发成功具有独立知识产权的CGDS地质导向钻井系统，为推动我国钻井技术进步和提升国际竞争力做出了重要贡献。2003年当选为中国工程院院士。

作为共和国同龄人，苏义脑院士给人最深刻的印象是他那浓浓的爱国情怀。报效祖国，甘愿为祖国奉献，是他毕生奉行的价值理念。而这一切，都源自他在中学时代打下的良好基础。是郑州第一中学（简称一中）的校风和学风，培养了这位工程院院士的高尚情操和学习能力。中学教育的重要性，在苏义脑院士身上，体现得淋漓尽致。

情结：母校不仅给予了我知识，也培养了我的家国情怀

Q：您已经是院士、博导了，但仍然对中学怀有深厚的感情。您说自己有母校情结？

A：是的，我有很深的母校情结。每当遇到记者采访，我都会告诉他们，我是郑州一中的学生。我的世界观、人生观、价值观，都是在一中形成的。母校不仅给予了我知识，也培养了我报效祖国的家国情怀。至今，我都记得自己的班级和学号——67 级 675 班，学号 67522。

Q：连学号都记得那么清楚，可以想见您的感情了。能具体聊聊，一中对您人生的塑造与影响吗？

A：好的。我是 1964 年从偃师考到郑州一中的，当时 15 岁。虽然学习好，但对很多事情是不明白的，目标就是考大学。但是到一中以后，接触到很多新东西，才立下了科学报国的志向。具体呢，我讲三件事。

第一件，学俄语。老实说，我是带着硬伤来一中的。为什么呢？我 1961 年进初中，正值三年困难时期，外语课都取消了，直到初三才开始学俄语，学到的东西很少。可城里孩子都学了三年俄语。所以考进一中后

我想，如果跟不上学习进度，我就转到偃师高中去。

结果，我高中生涯的第一节课就是俄语课，而且老师提问的第一个学生也是我。真是怕什么来什么！我当然回答不上来，全班同学眼光一下子都聚集在我身上，大家肯定在想：这人这么差劲，怎么考进一中的？

课后俄语老师找我谈话，帮我分析到底能不能把俄语学好。那是我15年以来学会分析的第一件事情。我仔细想了想，我上别的课都不费劲，可以省出一部分时间补俄语。老师和同学也很帮助我，热情地借给我以前的教材，老师还安排我和俄语课代表坐同桌。这样一来，我安心了许多，开始向俄语进攻。等到一个学年结束，我考了97分，年级最高分。通过学俄语，我得到了一点启示，就像毛主席说的那样：世上无难事，只要肯登攀。

第二件事，学习方法。班主任蒋庚老师教导我们，思维要生动活泼，要主动学习。他向我们传达过毛主席的一篇谈话的精神：如果一张试卷你全做对了，但是没有方法上的创新，老师可以批60分。如果你大多数题都答错了，但有一道题答对了，而且用创造性的思路解决了它，甚至是老师也没有想过的解法，那么老师可以给你打100分。这对我们启发很大，让我们明白老师是鼓励学生动脑筋思考的。

久而久之我养成一个习惯，用多种方法解题。高考时我提前答完了数学试卷，就把一道比较难的题，用三种解法写到试卷上。后来在科学研究方面，我也经常用不同的方法来验证同一个事情。所以我在科学研究上的素养，是在一中培养的。每每想起来，我就感恩母校，给予了我这么好的教育。

第三件事，世界观、人生观的初步确立。高一将要结束的时候，毛主席作出了关于教育革命的"七三指示"，里头有一段话，大意是从现在开始到未来的几十年，是我们国家很关键的一个时期。现在十几二十岁的年轻人，再过几十年以后就是四五十岁的人了。这一代年轻人担负着要把我们的祖国建成社会主义强国的重任，有志气、有抱负的中国青年，一定要为完成自己的历史使命而奋斗终生。我买了个笔记本，把这段话工工整整地抄在扉页上。离开学校以后，我当了知青，换个本子再把它抄在新本子上，到工厂又换一个本子，再把它抄在新本子的扉页上。这些话多少年来都是我的座右铭，我深深地认识到我们这代年轻人肩上的使命。

Q：这种强烈的使命感，也是您后来主动放弃出国机会的原因吧？

A：1984年我考取石油部首届博士生，1985年初，导师找到我说，他有博士生出国的指标，问我愿意去美国还是留下。当时正值国家"七五"攻关项目的预演，我们申报了项目，已经确定我要在导师带领下做技术工作。我就想，我在一中念书的时候一心想报效祖国，现在国家攻关项目马上要来了，如果这个时候走，不落忍啊。思来想去，我告诉导师说，我要留下。老先生听了非常高兴，说你跟我想一块去了。

Q：没有留成学，后悔吗？

A：完全没有。那是我第一次感觉到，我的命运不能单纯地由自己决定，我要（以）更广阔的角度来思考这个问题。个人命运，是同国家的发展紧密联系在一起的！这是一中给我的信念、给我的理想。

坚持：条件再艰苦，也不要忘记学习

Q：您做过学生、当过知青，后来考入大学。哪怕条件再艰苦，也没有放松学习。是什么支撑的您？

A：还是要感谢蒋庚老师。下乡前我跟蒋老师告别，他送了本《解析几何与微积分》，告诉我："出去以后也不要忘记学习。"我始终牢记这句话。我拿着这本书下乡了，劳动之余当解闷来看，不知不觉看完了。这对我启发很大。我在农村三年，当了两年电工。当电工得学一点电工学，而要解决电工学的难题，得有微积分基础。我就靠这本书。后来我进工厂车间当学徒，第二天就开始画机械制图，引起了轰动。在工厂的几年，我搞过几项技术革新、搞过小发明，都是靠自己摸索。

Q：现在回想知青岁月，您觉得对于您来说，意味着什么？

A：我觉得这段经历表面看起来是障碍，其实是很大的机遇。在学校的时候，排课排得很紧，每天做完作业，新的学习内容又进来了。但是上山下乡期间，劳作结束后的空闲时间，我就会想找点事情来思考和研究。那时候我研究了很多问题。

过去都说，要给科学家一点空闲，让他们去思考、去休假，休假期间备不住就想出来新办法。陈景润先生就喜欢到海边散步，换换脑筋，我觉得是很有道理的。所以我就主张不要给学生安排太满的课程、太繁杂的学习任务，要适当让他们空闲一点，这样才有时间去动脑思考。

Q：1973 年您考上了大学，但是过程挺波折的，怎么回事？

A：当时还叫推荐，我们厂 70 多个人报名，选 8 个人考试，再定两个上大学。开始我不敢报，因为那时候"开后门"现象严重，我是一个只身到三门峡的知青，没有"后门"。但我也舍不得放弃，就给一中的同班同学写信，说了这个想法。他们赶快给我回信，说你得报，今年招生的条件是 25 岁以下，我们班就你符合标准，你就算替我们上大学行不行？所以就报了名。但是高考前 5 天，父亲突然去世了，我忍着巨大悲痛，赶快回去处理后事，在高考前一晚才赶回三门峡。

成绩出来，我考了三门峡市第一。但厂里迟迟拿不出名单，大家就传言说，车间有个小伙子，考了全市第一还不让走，因为要照顾干部子弟。大家都恨这股不正之风，所以厂里头也不敢贸然决定。最后厂党委书记"啪"一拍桌子说："咱们就按成绩录取！"那时候说这个话是要受批判的，但我们书记是老八路，游击队长出身，所以有胆量。我就这样被定下来了。

本来是到中南大学学自动化，临走又出状况了。广播上广播了张铁生的一封信，一下就把我的考试成绩全部都不算了，要重新再定。后来我被调到武汉钢铁学院（现武汉科技大学）学矿山机械。几经波折总算上了大学，还是很幸运的。

Q：虽然结果还好，但这段经历，对今天的孩子来说，已经是很大的挫折了。您当时是怎么熬过来的，有什么经验分享吗？

A：回想这段经历，还是一中给了我底气、给了我力量。要不是同学鼓励，我连报考的勇气都没有，也没时间复习，直接就考了。当然那时候考题比较简单，在我们一中毕业生跟前都是小菜一碟，所以我才敢冒险，在高考卷子上写三种解法。我得感谢一中给我的教育、给我的基础。

Q：这个基础让您在大学期间也获益匪浅？

A：是的，由于我自学过高等数学和电工学，自学过制图，所以大学的课程上起来比较轻松。有时候数学老师讲着讲着，干脆让我给同学上课。当然在大学期间还是有收获的。理论力学教过"柯尼希定理"，我在这个基础上，研究出了"柯尼希定理的推广"。1978年考研究生，我给导师看，他当场就表态：一个工农兵学员能够独立研究出这么多东西，可谓是自学成才，一定要录取！这样我就考上了研究生。

分享：三个"在于"送给年轻人

Q：您大学学的是机械，后来为什么搞石油去了呢？

A：其实做石油并不是我最想做的事情，起初我是想做原子物理，研究原子弹和导弹。所以在一中的时候，我想报考中国科技大学。当然后来上山下乡，就没机会了。考研究生的时候，学校希望我搞石油。那时候有一个口号："祖国的需要就是我的理想。"我就投身石油行业了。我从没有想过会进入石油领域，但当我进了这个门，就立誓要好好学、好好做。当国家有需要的时候，我服从了国家的需要，所以我现在也不后悔，反而是乐在其中。

Q：从事石油工作数十年，您最自豪的事情是什么？

A：我带领团队做成了地质导向，使我们国家成为继美国和法国以后，第三个掌握世界高端技术的国家，使中石油公司成为世界上第四个掌握高端技术的公司，这是我这一生都骄傲的事情。

2000 年，我主持了在陕西西安召开的地质导向会议，中间有一个休息日，大家集体登华山，那是我第四次登华山。那天正好是我 51 岁生日，前几次都没有登上过南峰。那一天终于登上了，心情非常激动，写了一首七律，我念一念："三十三载四登山，当年小松几接天。云海苍茫寻旧迹，群峰奔涌追快鞭。万般往事眼前过，一路坎坷心中显。险峰最是风光好，胸有高标奋登攀。"这是我当时心情的写照。

Q：可以说您的一生非常成功，有什么可以分享给年轻人的？

A：谈不上成功，就是一点个人经验吧。我总结了三个"在于"，分享给年轻人。

第一，进步的起点在于追求。只有主动追求了，才会有进步。比如我要是不想上高中，就进不了一中，不想上大学，就进不了大学，更不可能有后面进一步深造的经历。

第二，发展的关键在于创新。一个人也好，一个工厂也好，一个国家也好，都需要创新意识。只有创新了，获得了别人意想不到的发展和进步，别人才会更加承认你。

第三，成功的秘诀在于坚持。我多年的学习和科研道路上遇到了太多太多的事，高中学俄语也好，后来参加攻关也好，我都毫不动摇地、意志坚定地把一件事情有始有终地做好。

Q：最后，对当今的中学生，您有什么寄语吗？

A：我想对中学生说16个字——立志报国，全面发展，重视基础，加强创新。立志报国是最关键的，作为中国人，不管将来在什么地方从事什么工作，首先应该把报国作为第一位，每代人有每代人的使命，你们这一代年轻人身上背负着完成中国梦的历史重任。我们先要立志报国，再全面发展。

现在有的学校分了文理科班，到了大学，学理科的文科不行，学文科的数学不行。但是当年，华罗庚先生和钱学森先生都是非常全面的人才，钱学森先生的小提琴拉得很好，文笔也很好，华罗庚先生擅长写诗。

再一个，重视基础，加强创新。在学校一定要把方方面面的基础打好，不仅要努力打下扎实的学科知识基础，还有培养良好的思考方式，学校也要有意识地加强对学生创新能力的培养。

高中的时候我学过一首《毕业歌》，50多年了仍然记忆犹新。其中有这样几句歌词："同学们，大家起来，担负起天下的兴亡。我们今天是桃李芬芳，明天是社会的栋梁。"我把几句歌词送给今天在座的年轻的学弟学妹们，我认为很有意义。2049年，中华人民共和国成立100周年，要实现中国梦，真正的主力军还得是你们。到那时候，四五十岁的你们正当年，所以振兴中华的光荣使命，实现中国梦的伟业，就交付给你们去完成！

（2017年9月14日，郑州市第一中学）

郭剑波：

真正让你成长的，是人生中的坎坷

人物小传

　　郭剑波，1960 年生于湖北武汉，原籍湖南桃源，电力系统分析与控制专家。1982 年毕业于华中工学院（华中科技大学前身），1984 年毕业于电力科学研究院，获硕士学位。长期从事电力系统分析与控制研究，在电网规划、提高电网安全稳定水平和输电能力及风电并网安全等方面成绩显著。先后参加了三峡输电等电网规划研究，主持了 20 世纪 90 年代开展的全国互联电网（2020—2050 年）规划系列研究；主持研制了具有自主知识产权的可控串补装置和特高压串补装置，带领团队开发了跨大区交直流协调控制系统；组织建成了"国家能源大型风电并网系统研发（实验）中心"。2013 年当选为中国工程院院士。

　　如果用网络流行语来形容，郭剑波院士可以说是一个相当"佛系"的
人。你看他在电力系统深耕三十多年，一直在踏踏实实做科研，为我国的
电力行业默默奉献着。谈起个人成绩，却是云淡风轻，转而归功于国家支
持和团队合作。对年轻人，郭院士的期许同样是温和而切实的——在符合
国家需要的同时，追求个人的幸福感。

准则：会做人，让本事高于心态

　　Q：郭院士是恢复高考后第一届大学生，当时为什么选了电力专业？

　　A：华中工学院的电力专业是我的第一志愿，至于为什么选择这个，
有点赌的成分在里面。我生下来就遇到三年困难时期，上学碰到"文革"，
上山下乡去了。要恢复高考的时候我正在农村，想赶快找个地方养活自
己。那电力是基础设施嘛，发展工业、农业都要以电力为基础，我就想学
电力，而华工的电力系在国内是比较好的。我们那一年是先考试，后报志
愿，我其实心里没底，就是赌一把，填了它。

　　有意思的是，录取通知书来到我所在的公社时，因为收件人写的不
是我名字，结果没有人领。最后公社秘书打开看了，才知道是我。我是
1978 年 3 月 7 日接到的通知，当天就去学校报到了。

　　Q：听说一进去就吃了个"下马威"？

　　A：谈不上什么下马威，但是挺让我警醒的。我一入学学校就组织了
摸底考试，我考得非常差，数学只有三十几分。我非常忐忑，认识到自己
基础太差了，一定要认真学习，好好弥补。所以后来成绩还不错，特别是

数学挺好的。不过后来有一次，教数学的唐老师对我说：你的作业怎么只写答案没有过程，是不是抄的？这件事让我印象非常深刻，甚至影响了我的做事风格，就是说科研工作者不能光埋头搞科研，然后把结果一摆就完了，过程也是非常重要的。

Q：毕业后您就去了中国电力科学研究院（简称电科院）？

A：对，考的电科院研究生，毕业后一直留在那儿做科研。

Q：从 1982 年进入电科院算起，您一待就是三十多年，这种定力是怎么来的，没想过跳槽吗？

A：真没想过跳槽什么的。其实也没什么值得说的，我这个人很简单，在华工就是一门心思念好书，进了电科院呢，就是踏踏实实搞科研，没有其他想法。主要还是因为自己对科研一直有兴趣吧，所以能安心做下去。我二十多岁时还喜欢游泳、打球，但后来渐渐失去了兴趣，就没能坚持。

Q：所以说踏踏实实是很重要的品质，这也是您录用人才的一个标准？

A：我们电科院的录取要求是本硕必须都是 985、211 高校，达到这一基本条件后，大家的水平是基本一致的。那就我而言，接下去看重的是两点：会做人和能做成事。"会做人"包括豁达、善良、坚韧、担当、甘于奉献、吃苦耐劳；"能做事"是指对事情能有细致把握。

我具体说一说"会做人"。这听起来难，其实很容易。如果你少一点想法、豁达一点，学会取舍，就会减少许多苦恼。相反，如果你每天工作的时候都斤斤计较，那就会活在怨恨当中。所以"会做人"说的是，年轻人要学会放低心态，让本事高于心态，才会幸福。

专注：三十年只做电力科学研究

Q：作为一名干了三十多年的老电力人，您见证了中国电力的大发展。就您个人来说，印象最深的事有哪些？

A：我毕业三十多年，主要做了三件事。第一，有幸参加三峡输电网和全国互联电网规划。这是电力行业的里程碑事件，因为 20 世纪 90 年代以来我国经济高速发展，不管商用电还是民用电，需求量都在节节攀升，亟须制定一个长远规划。当时我刚毕业，是作为学徒去参加全国互联电网规划的。我想跟年轻人分享的是，参与这种大的战略性研究的课题，我培养了一种思维方式，即我们在做科研、做选题的时候，应该把时间尺度拉远一点，拉出去 20 年、30 年，甚至 50 年，站在未来看现在这个技术值不值得我为它奋斗 10 年、20 年、30 年。这对我是一个很好的提升。

第二件事是，差不多有十年时间（国家）实行全国限电。这是因为我刚才提到的，用电量飞速上升，电网不堪重负，输电能力严重不足。为此，我们采取限电的方式，同时研发技术、生产装置，逐步提高输电能力。这个提升了我解决具体问题的能力。

第三件事，也就是近十年，主要从事风电并网研究。我们传统是水力发电，但是随着技术进步，更清洁、更安全的风力发电技术也在不断发展。在过去十年，我国的风电增长了一百倍，太阳能五年增长一百倍。"十二五"期间，风电年均增长 30%、太阳能年均增长 219%。我国是世界最大的清洁能源国家。风力发电机要并入电网，这样才能大大提高效率。所以这几年在做这方面的研究。

Q：总结起来的话，这三件事有什么共性？

A：实际上这三件事都没脱离我的专业，也就是电力系统的专业。可以说我这辈子其实就干了一件事：电力科学研究。

Q：您也获得了很多荣誉，比如三次荣获国家科学技术进步奖。对此，您有什么经验跟年轻人分享吗？

A：获奖没有什么值得骄傲的，当然肯定是做了一些事，才能得到这个荣誉。但是当代工程技术，尤其像工程技术研究的话，没有团队、没有条件、没有国家的大舞台是什么用也没有的。所以我在单位经常说的一句话就是："我们要定的目标是：满足国家需求，实现国家目标，体现国家利益，代表国家水平。如果你把自己的视野和视角定在这个上面，去争取这样的项目，并且做成功，那你的发展不可限量。"

Q：作为一名科研工作者，最自豪的时刻是什么？

A：2008年汶川地震的时候，中央电视台抗灾抢险直播请我当嘉宾，我第一次上电视、上直播。当时他们说：如果有电，我们通信就有了，如果有电，火车就能开通了，只要有电就能解决一切。那一刻我深深地感到，自己做的事情是十分有意义的。

箴言：使个人规划与国家规划相契合，能走得很远

Q：当代大学生面临的就业压力比较大，您有什么建议吗？

A：首先，从个人来说，如果你的人生规划与国家发展相契合，你将来就能持续地走下去。人生如同马拉松，男怕入错行，女怕嫁错郎，应该以国家目标为基准选择来做自我人生规划。同时，当你选择国家利益高于一切时，你便会获得国家的支持和国家级项目，你便容易做出较大的成果。

其次，作为用人单位而言，我们比较看重团队精神和奉献精神。如果你连国家都不爱，又如何向一个院奉献呢？所以我们院的口号是"中国电力，我们的事业"。如果你没有将中国电力事业放在眼中，我们不会录用你。

第三，古人云："爱人者人恒爱之，敬人者人恒敬之。"爱心是一个人

的基本素质，爱国是大爱，没有大爱，何谈小爱？因此，培养自己最主要的感情，于己于国都是有利的，甚至对将来处理人际关系，以及在单位中化解矛盾，都是有利的。

Q：那年轻的电力科研人在选择研究方向的时候，有什么秘诀呢？

A：对于这个问题，我可能会王婆卖瓜、自卖自夸。在选择研究方向的时候，因为你们很年轻，还要工作 30 年甚至 50 年，所以建议尽量拉长时间轴，考虑下 50 年后的情景如何。我想今后，清洁化、低碳化是一个方向。目前而言，清洁能源的主要转换形式仍然是电力，所以能源系统可能将来会演化为以电力为中心的系统。这个过程可能将持续几十年、一百多年，年轻人要抓住这个机会。

Q：毋庸讳言，现在的学子面临很多压力，比较焦虑。对此您有什么建议吗？

A：我的学生也经常与我交流，觉得这不合适，那不合适，尤其是觉得来自父母的压力很大。我就跟他们讲，其实父母对你的希望，只有"幸福"这两个字。他们不求你挣多少钱、买几套房子，你能感觉到幸福，就满足了父母的愿望，也成就了自己。但是我觉得有一点要牢记，人生嘛，总难免遇到沟沟坎坎，这并不可怕。每个人都要经历的。等你到了我们这个年纪，到了我父辈那个年纪，你印象深刻的都是坎。真正让你成长的，是人生中的那些坎坷。

Q：作为年轻人个体来说，最重要的品质是？

A：我有两点建议：一个是视野，看问题的角度和视野，尽量大一些。二是自信心。这一点是特别想跟华工的学生分享的。不同学校文化不一样，大家可能水平差不多，有的比较自信，而华工的学生通常会比较谦逊。我觉得谦逊是应该的，但在做事的时候还是要有点信心，甚至要张狂一点。

（2016 年 5 月 4 日，华中科技大学）

闻雪友：

我不是神，我只是认真参与研制的每一个环节

人物小传

闻雪友，1940 年生，浙江慈溪人，舰船燃气轮机专家。1962 年毕业于上海交通大学，在舰船及工业燃气轮机的研究设计方面贡献突出。曾任中国首台航空改装大功率燃气轮机的技术负责人，负责中国第一台第二代舰船燃气轮机的研制工作。现任新国产化舰用燃气轮机总设计师，为中国舰船动力现代化做出重要贡献。在热能动力工程领域也有突出贡献，在国内率先研究建成双工质平行复合循环电站，并推广应用。2005 年当选为中国工程院院士。

　　光看外表，很难想象闻雪友已逾古稀之年。这位在舰船燃气轮机领域奋斗了一辈子的院士，在数十年高强度的工作压力下，依然是满头黑发、精神奕奕。这或许同他的业务爱好有关——身为典型"理工男"的他，其实还是一位喜欢唱歌、擅长法国圆号的业余音乐家。他的话语，也兼具理工男的理性与音乐家的深情，让人看到了一位爱国家、爱本专业也爱艺术的立体人。

自豪：交大毕业生，都是杠杠的

　　Q：您是 1958 年考入上海交通大学，1962 年毕业的。这也是共和国历史上比较动荡的岁月，接二连三发生了很多事。作为一名大学生，您有受到影响或波及吗？

　　A：那确实是一个特殊年代：1957 年"反右"、1958 年"大跃进"，以及三年困难时期，所以政治活动特别多。庆幸的是，交大有一套严格的教学体系，在那样的环境下也仍然保持着。我印象最深的是实习课，老师讲清要求、步骤，然后我们自己操作，他把关，真是非常严格。

　　我记得当时英国造了一条最新的舰船叫 G6，有位老师根据公开发表的资料写了篇文章，让我们搞实验。我负责涡轮部分，要做系统计算，还要画图纸。画图纸的时候我觉得有一个很重要的地方可以改进，就给它改了。没想到老师看出来了，专门找我来问。我讲了一遍理由，老师就表扬我注重细节、有创造力，必定成才。当时我就很高兴，参加工作后更加体会到，这段经历对产品设计和现场处理问题很有帮助。

所以我们这一批毕业生，水平都比较高。我举个例子，052 型导弹驱逐舰，动力系统的主任设计师是 701 所的林诚亮，负责整个动力装置；副主任设计师是我，703 所的，负责燃气轮机动力装置；另外三位副主任设计师是 711 所的李国瑞，负责柴油机动力装置；704 所的王少梅，负责变矩桨系统；703 所的徐振忠负责传动装置。我们五个都是交大人。每次开会，底下人就说：被交大包场了。

Q：您觉得，交大的教学最成功的地方是什么？

A：交大最大的优点是理论跟实践的结合。这个我有切身的体会。我是 1962 年进中船重工 703 所的，到 1970 年已经是 407 舰船燃气轮机的主任设计师。它是我国首台由航空涡喷发动机派生的舰用燃气轮机，整机研发获得成功，获全国科学大会奖。

Q：进 703 所是分配吗？

A：都是分配。毕业了，每个人发一张志愿表，第一去科研院所，第二去高等院校，第三去企业，想去哪儿自己打钩。但底下有一句话："是否服从国家统一分配？"我们绝大多数人都选"是"，然后签个名。最终我被分配到总字 909 部队，这是一个舰船动力研究所，归属国防科委的第七研究院。我先参加集训，穿军装、学政治、操练、打枪，结束后去哈尔滨报到。那个时候从上海到哈尔滨没有火车，我先到北京，再从北京到哈尔滨。下了火车，没人接站，我们一路摸索着找到部队。说起来我跟哈尔滨真有缘分。母亲给我取名"雪友"，所以我到白雪皑皑的哈尔滨去了。

Q：作为一个南方人，忽然置身大东北，生活上有没有不习惯？

A：哈尔滨的冬天非常冷。我亲身经历过零下 41 摄氏度，上班从宿舍走到单位要半小时，每天都要走，零下 41 摄氏度也要走。那时候的生活条件跟现在没法比，我在哈尔滨一个月四两油、半斤肉，全部吃粗粮，没什么油水。只有逢年过节才能吃顿大米饭。我怎么吃这顿饭的呢？我拿个大饭盒，打得满满的，吃一点再去盛一点。你可以想象那个饥饿程度。后来由我担任主任设计师的一型舰船燃气轮机，转到上海汽轮机厂保密车间，在那里试验、调整、装配和集成。所以我就到上海汽轮机厂驻场，在上海待了十余年，条件当然好多了。但我还是很珍惜在哈尔滨的岁月。不能说那个日子好，而是经过这么一番锻炼，对自己帮助很大。现在到任何一个地方去，我都觉得很好。这就是人生经验。

亲证：理论和实验，两手都要抓两手都要硬

Q：您见证了我国舰船燃气轮机发展的全过程，作为亲历者，您能不能给我介绍一下情况？

A：我国舰船燃气轮机研发的起步不算晚。1958 年着手计划，1960 年确定重点进行 6000 马力舰用燃气轮机的研制工作。这个是自行设计研发的，为此成立了专业研究所，所以开局和布局是不错的。我 1962 年参加工作，参与 6000 马力燃气轮机的设计和研制，1964 年完成。这个项目，从技术到材料全部立足于国内，开创了我国舰船燃气轮机自行设计的先河，打破了"零"的记录。研制中，我们积累了一整套设计、制造、试验、运行实践经验和技术设施、手段，为我国舰船燃气轮机的发展和应用奠定了坚实的技术基础。

Q：当时您也就二十出头，又是自主设计研发，这个过程中遇到很多困难吧？

A：当时参加设计的大多是二三十岁的年轻人，确实欠缺了一点经验。但我们都怀着建设一支强大海军的目标而勤奋工作，所以整个团队充满着青春的活力。而在研制过程中，我们的注意力是高度集中的。

比如说，由于条件有限，只有一台样机，为保证一次成功，必须步步

谨慎小心。我们进行了 60 余项部件试验，以验证机组的设计思想和部件性能，并根据试验结果对部件做了改进。在整机试验阶段，出现过涡轮叶片严重烧伤、主轴承损坏等事故。但我们还是坚持下来，完成了 500 小时耐久性试车。其后进行小批量生产，同时开展了双机并车传动装置的研制，包括行星减速器、液力耦合器、自动同步离合器及其自控系统，整套双机并车传动装置在陆上试验站进行了 150 小时长期试车，获取大量宝贵的数据和资料。

Q：经历了这个过程，您最深的体会是什么？

A：最深的体会是，如果你是搞工科的，一定要重视问题的解决。我担任过三个项目的负责人，轮到你实验的时候，各种问题都会暴露，就看你能不能及时解决。

我讲个小例子：我们发动机做完了，开始做出厂试验，要经过 3000 个小时才能放行。那天我在哈尔滨总部，接到无锡那边的电话，说发动机声音不对，一下子很高，一下子又没了，但是推上去什么事情都没有，很奇怪。我意识到肯定有问题。第二天我飞到无锡去听，确实动静挺大。初步判断，是承轴出了问题，而且是后承轴。必须分解，但风险很大，厂方有顾虑。我就表态说，如果判断错了，我负责。然后就开始分解，一帮人围着看。整整三个小时过去，后承轴出来了，果然有缝。大家都说：老兄你真神！

其实不是我神，而是整个研制过程我都参与了。这一点特别重要。我们研制一个新品种的发动机，从一开始到装机使用，直到成熟，通常的周期需要十年，最少的也得七八年，碰到的问题有很多。你不参与每个环节，绝对不行。所以现在我看一些大学生的实验报告，就会想：哎，曲线太光滑了，这在实验的时候很少见啊，那你到底是真做出来的，还是画出来的？我觉得假如你学工科的，对理论和实验都要感兴趣、肯钻研，否则就别干这一行。

Q：目前，我国的发动机水平，跟发达国家还存在哪些差距？

A：主要还是设计水平的问题。像航空发动机，首先要有一个先进的压气机，这个压气机要很好，燃气层要上升；另外还有一点就是需要长时间的实验，发动机不停地起飞，所有材料、结构、工艺、流程都与一大堆因素相关。所以年轻人要努力创新，我们也要鼓励他们创新。

修养：艺术能慰藉你的心灵

Q：跟您聊下来，觉得您不像那种通常意义的"工科男"。听说您还有很高的艺术修养，在交大的时候，就吹法国圆号？

A：本人是交大学生艺术团的。那个时候的大学都有艺术团，要说演出水平，交大肯定是最高的。我考进去的过程很有意思。我喜欢唱歌，音准可以，乐理也不错，同学就鼓励我去考。考下来，我的乐感是好的，五线谱是好的，整体评分是好的，就进去了。新成员一人发了一件乐器，我拿到的是法国圆号。

圆号很难吹，泛音特别多。一般吹号就是按键，而圆号不按键就能吹出很多音，那是利用嘴的气息。所以圆号被称为"号中之王"。我就天天练，练肺活量、练曲子，学会了《蓝色多瑙河》。"大跃进"的时候演出比较多，交大艺术团水平比较高，所以各工矿企业都来请我们。

后来我不是分配去了哈尔滨吗，哈尔滨工人文化宫有一支业余管弦乐队，我想加入，政治部考虑下来，认为军人参加民间活动不合适，所以暂时搁下了。直到回上海，去上汽轮机厂驻场。那是个大厂，文艺活动丰富，水平也高，经常组织全厂会演。同事们听说我在这方面有两下子，就请我帮忙选曲、指挥和排练。这样我对音乐和艺术的爱好就延续了下来，直到今天。

Q：您觉得对音乐、对艺术的热爱，给生活，或者甚至给科研，会带来什么？

A：你看着这是玩一个东西，实际上对陶冶情操、提高艺术鉴赏力有非常大的帮助，包括设计造型这一类，绝对起作用。我父亲是画油画的，所以我们经常一起去俄罗斯。俄罗斯油画画得好，价格又低，马路上一大堆讨价还价买卖画的。这种事看起来跟搞科研完全不搭，但我的体会是，在科技方面你的产品设计如何结合得更好、如何使你的产品更完美，这些跟你的艺术细胞是分不开的。另外，你各方面的兴趣爱好多一点，当碰到倒霉的事情，就不会太痛苦，因为艺术可以慰藉你的心灵。

（2016 年 4 月 9 日，上海交通大学）

雷清泉：
心里有一团火，只想为建设国家贡献一份力量

人物小传

雷清泉，1938 年生，四川岳池人，绝缘技术专家。1962 年毕业于西安交通大学，高电压与绝缘技术国家级重点学科带头人。在利用热激电流技术研究绝缘高聚物中的电子运动规律、评定耐电老化特性和指导材料改性等方面取得了多项创新性成果，达到了国内领先及国际先进水平。发明了共缩聚制备新型聚省醌自由基高聚物粉末材料的新方法，发现了新的导电规律，制成了原始创新的压力温度双参数传感器，解决了国际上半导电高分子粉末材料在传感器领域长期未获应用的多项技术难题，成为此领域的开拓者。2003 年当选为中国工程院院士。

求学：条件虽然艰苦，但是大家都很拼命

Q： 雷院士是我国顶尖的电气绝缘技术专家，您能谈一下，当年是如何同这个专业结缘的吗？

A： 这跟我的生活环境有关。我家乡是四川华蓥山，小学、中学都是在那里念的。当时条件很艰苦，我们白天务农，晚上才集中起来上课。但没有电，怎么办呢？大家就用灯草点一个油灯，一个教室四五十个同学，就靠这么点光亮读书。夏天月光比较亮，我们就转移到月光下学习。那时候我就想，要是有电就好了，电能改变家乡的面貌。

高三那年，老师交给我一张西安交通大学（简称交大）的志愿报名表，我想交大在国内外都很有名气，于是就在第一志愿上，填了交大的电气绝缘与电缆技术专业。我想学成归来，改变家乡。

Q： 您知道西安交大的条件也挺艰苦的吗，还是知道后仍然义无反顾地去了？

A： 知道，但我想的是，国家为了建设大西北组织交大西迁，可以看出这件事的重要程度。另外，当时恰逢第一个五年计划，国务院也在号召有志青年投入大西北的建设，我作为一名四川人，就更想去西安学习了。

条件艰苦我不怕。我自幼父母双亡，是奶奶、姑姑把我抚养长大的。读完小学，我本来辍学在家，准备一辈子种地了，是乡干部找到我，给了我全额助学金和生活补助费，这才有机会念大学。是党和国家送我上学，扶助我的生活，我也要为建设国家出一份力。

Q： 刚进西安交大的时候，是什么样的感受？

A：我是先走路，转坐公共汽车，然后再搭乘火车，花了 36 个小时才抵达西安。虽然路上很辛苦，但进了校门，那真是满心欢喜。我们是 1957 届，交大西迁后的第二批学生，条件确实比较艰苦。但大家都很拼命。我们还会在草棚大礼堂听彭康老校长做报告，看苏联电影。虽然大礼堂设施简陋，刮风下雨还漏水，把我们都淋湿了，但心里感觉很温暖。我们电气系是最靠南门的，那边有一片草地，我们就自己种菜吃，下课后还去抓兔子。

其实作为大学生，也没有很苦，国家对我们是很关照的。当时食堂专门设有荤菜票，我很喜欢狮子头、萝卜汤，还有上海味的樱桃肉。当时学校西迁过来，食堂工作的师傅全来自上海，我们特别高兴，很喜欢荤菜。还记得学校当时有一个一层的大食堂，上海的师傅厨艺很好，饭菜很可口。我四年大学念下来，还长高了 14 厘米呢！

Q：相比今天的大学生，您那一代大学生的物质条件还是比较贫乏的。但是好像很少听到你们抱怨，是什么信念在支撑着你们？

A：物质确实比较贫乏，而且西安的冬天也比较冷，学校虽然有暖气，但是不足，大礼堂好像还没有暖气。可大家都不觉得冷，因为那时候心里有一团火，只想为建设国家贡献一份力量。所以我是非常用功的，一进大学就是电气学课代表，考试成绩也很好。后来我还承担过各种职务，也当了班长。虽然工作有点多，但丝毫不觉得累。我们那届本科生毕业后，交大只推荐了两个人读研究生，我便是其中之一。

Q：您的学习态度真是打动人！毋庸讳言，今天有些大学生学习不认真，考试全靠作弊。对这样的不良现象，您作为过来人，有什么想说的？

A：我想说的是，考试是在考我自己，而作弊是很可耻的。我记得当时考试，旁边就有一本书，我即使答不出来也不会去翻那本书。作弊是违背良心的事情。尤其我们搞科研工作的，绝对不可以作弊。难道你以后工作了，做实验、搞研究，也能作弊吗？

专业：科学研究一定要争第一，第一那才有意义

Q：您 1962 年本科毕业，学校推荐您读研究生了，然而您却放弃了？

A：我考上了，但是没去报到，因为那时候缺大学老师，学校希望我能做老师。我就留下来等分配。那一年正值经济比较困难的时期，分配得比往年晚，直到 10 月底才分配完。我们两个班，分别是无线电系和工程系，60 个人左右。部分同学中途退学了或因为其他原因无法毕业，到毕业时剩下大概 42 个人，这些人中有一部分被分配到了北京和上海，有一部分去了其他大城市。我被分配去东北支边，哈尔滨电工学院（今哈尔滨理工大学），虽然有国家补给的 30 块钱，但生活依旧艰苦。

Q：放弃了研究生，又分配去了天寒地冻的东北，后悔过吗？

A：完全没有。因为我热衷于教育和科研，所以什么都没想就去了，坚决服从国家分配！在哈尔滨电工学院的成长过程也很快乐，于我而言，这条路是我这一生最正确的选择。

Q：刚开始教学的时候，最大的困难是什么？

A：最困难的事情是刚报到就要负责一门课程的教学工作，时间很紧，但是我很快就承担下来了，说明交大的基础是很厉害的。

Q：教学之余，学习也没落下，据说您自学了好几门课程？

A：我大学毕业时花了 20 多元买了三本大字典，所以外语学得好。记得 1979 年的时候我有三门考试，分别是外语、电工和数学。德语我考了 71 分，是我们部的第一名。当时出国需要培训三个月，而我只用一个月就学好了。因为交大的学生数学基础好，短短一个月复习我数学考了 82 分。

1980 年代初，我就开了量子力学和半导体学这两门课。当时连物理系的老师都不敢开，而我有这方面的基础。这是交大给我最大的财富，一个是自学，一个是基础。我们在上学时就学过数学分析，每学完一章，自己都要先为下一章备课，备完课后要先讲给同学们听，然后再听老师讲课，自教自学，以此培养学生的自习能力。我认为这是交大教改培养学生自学能力最成功的方面。我现在这么成功，就是我的数学、物理、外语基础非常好。

Q：从 1981 年到 1983 年，您在德国汉诺威大学做访问学者，从事高压绝缘材料中空间电荷理论研究。据说，留学这几年，您放弃了一切休假？

A：是的，出国后，我马上看清了我国与发达国家之间的悬殊差距。所以我的时间很紧迫，必须努力学习、迎头赶上。旅游休闲嘛，什么时候都可以，但学习的机会一旦错过就再也回不来了。我暗下决心，科学研究就是要争取第一，只有第一，才有意义。

Q：归国后，您的科研事业进入了高峰期，能谈一下当时的情况吗？

A：留学期间我了解到，油田电泵井采油生产过程中连续监测井下地层的压力及温度变化问题是世界性科技难题。因为用于监测传感器制备上所用的半导电高分子材料，尤其是其中的聚苊醌自由基高聚物，耐热氧化稳定性差，规模化应用很难实现。美国科学家 1962 年开始攻关，但一直没成功。

1987 年，我针对这个难题组建课题组进行攻关，研究了 13 年，经历了几百次失败，这才研制出用于潜油电泵井下监测的半导电聚苊醌粉末材料制备的温度压力双参数传感器，这是世界首例。所以在申报国家技术发明奖的评审会上，电子材料学专家韦钰赞扬说："这是原始创新，这绝对是原始创新！"我们拿到了 2001 年国家技术发明二等奖，我感到很自豪。

Q：13 年研制，在这个人心浮躁的年代，很不容易。是什么让您和您的团队，保持了这样的定力？

A：毅力和信念。当时的情况是，没有标准样品、没有参考资料，甚至连生产设备都没有，相当于白手起家。但是大家都没有放弃，而是埋头苦干、专心研究。我们完全是靠艰苦奋斗，坚守着一定要为国家争气的信念，这使得我们的精神非常饱满，能够坚持下去。现在回头去看，这其实是很有好处的。为什么呢？因为我们研制的传感器，从材料、设计到传感处理，都是自主创新完成的，拥有多项发明专利。

教育：矢志不渝地传承知识、提携后辈

Q：在科研上取得成绩的同时，您的教学也没放松过。而现在有些"大牌"教授，轻视日常教学工作，甚至不屑于给本科生上课，而您几十年如一日，坚持上基础课。为什么？

A：我有两个榜样。第一个是诺贝尔物理学奖得主费曼。他自认为，他最大的贡献不是得到诺奖，而是那本流芳百世的《费曼物理讲义》。另一位是诺贝尔物理学奖得主德热纳教授。他 1991 年获奖，之后两年，他在法国 200 多所高级中学做"软物质与硬物质"的现代科普教育。由此可见，真正伟大的科学家都是崇尚教育的。怎么可以轻视基础教育呢？我是一直把传承知识、提携后生作为自己矢志不渝的追求。

Q：您也非常简朴，保持着朴素本色，是吧？

A：这也是交大教给我的。当时有一位姓顾的老师，他给我们讲课，一张纸，正反面都利用，而且每一面都会依次用铅笔、钢笔和毛笔来书写，达到三次利用。这种节约的品质让我们印象深刻，这是这位交大老教授留下来的优秀传统。虽然节约一张纸是很小的事，但是这么多人汇集起

来，便可以造福后代。

20世纪80年代做科研的时候，条件也很艰苦。因为搞合成，有些物品有腐蚀性，又没有通风条件，双手经常被毒蚀。我就经常鼓励大家发扬红军长征时期的艰苦奋斗精神。在热释光研究时，我们团队成员深夜在军大衣覆盖下获得了三个光子背景噪声的测试结果。所以艰苦奋斗是我坚持了一辈子的品质。

Q：业余时间您有什么爱好？

A：我最大的爱好就是读书，以对未知世界的探索为最大乐趣。别看我年纪大了，依然花大量时间，阅读国际知名刊物《自然》和《科学》上的文章，关心国际顶级科学家思考的问题。做科研就是这样，活到老，学到老。

（2016年5月16日，西安交通大学）

段 宁：
从出国第一天起，我就没有留在国外的念头

人物小传

　　段宁，1949年生，四川成都人，清洁生产专家。1975年毕业于同济大学给排水及暖通工程系，1981年获清华大学环境工程系硕士学位，1988年获美国得克萨斯州立大学奥斯汀分校土木工程系博士学位。现任中国环境科学研究院重金属清洁生产工程技术中心主任，曾任中国环境科学研究院副院长、环境保护部清洁生产中心主任。中国生态经济学会工业生态经济与技术专业委员会副理事长，中国工业节能与清洁生产协会副会长。2011年当选为中国工程院院士。

　　作为共和国同龄人，段宁院士的人生轨迹，见证了中华人民共和国的变化和发展。他经历过上山下乡，做过工人，又亲历了改革开放所带来的巨变。段宁的命运也随之改变。但他始终把个人的发展和国家的进步紧紧结合起来——无论是放弃国外的优越条件，回到祖国；还是很早就意识到环境保护的重要性，并致力于清洁生产、循环经济等领域的科研，段宁都以坚定信念和专业技能，为祖国的进步贡献着自己的力量。

轨迹：改革开放给了我前所未有的机遇

　　Q：段院士是1971年考入同济水暖系给排水专业的，这个专业在当时算是比较冷门的吧，您是怎么选的？

　　A：说实在的，在此之前我从来没有听说过水暖系。"文革"中我下放到四川遂宁的农村插队，后来去工厂当学徒工，还没有出师呢，忽然有一天通知说，同济大学要到我们厂选几个人读大学，工厂内部可能走了一个领导评估的程序，就把我选中了。没有选择的余地，让你到同济读书就很不错了。

　　Q：进了同济后您成绩非常好，放在今天就叫"学霸"了。能介绍一下学习经验吗？

　　A：不算"学霸"，就是成绩比较好。原因有几个：第一，我们班大多是工农兵学员，基础最好的也就读过老高二，我是老高一。其他人都是初中的，还有小学五年级的，他们基础比较差，我就占了优势。

　　第二，我也是挺有动力的。为什么呢？读书太不容易了。我中学念的是成都四中，全国重点中学，学风很浓厚。我有非常深的"想读书"的情结，可是因"文化大革命"读不了书。我到农村插队，在很艰苦的地方劳动两年，后来又到工厂当学徒工，可是老想读书。现在终于有这么个机会，我当然有很强大的动力去学习了。我是自己想去读，不是别人让我读啊！

Q：所以您是刻苦读书，每天跑图书馆？

A：对，每天跑图书馆。那时候的教材都是老师自己编的，因为在当时旧教材是"封资修"的东西，都烧了嘛。编的教材很简单，我们必须每天跑图书馆，看书、查资料。同济图书馆的书还是很多的，像高等数学、高等化学，我都是在图书馆里自学的，每天做大量习题。我的专业基础就是这么打下的。

Q：那您后来是怎么去清华读研究生的呢？

A：同济毕业后我被分配到北京，在原国家建设委员会担任普通干部。"文革"结束后国家恢复研究生制度，我就报考了清华大学的环境工程专业的硕士，毕业后进入中国环境科学研究院。1983年，我又获得了去美国留学的机会。现在回想，我个人的生活和工作，跟国家的变化是密切相关的。正是改革开放，给了我前所未有的机遇，造就了今天的我。

Q：这也是您读完博士后，放弃国外的优越条件，毅然回国的原因吧？

A：是的。我是1983年到得克萨斯州立大学奥斯汀分校攻读博士学位的，恰好碰到美国经济的高速成长期。我这个专业，留在美国是非常容易的，但从出国的第一天起，我就没有留在国外的念头。等到博士论文答辩通过，中国环境科学研究院老院长托人捎话，希望我尽快回国参加工作。我马上就回来了，连毕业典礼都没参加。

Q：对此，您感到遗憾吗？

A：不会，我就想着学成后早日回国效劳，个人的一点小事不算什么。到现在我还这么想。

坚守：环保是大势所趋，再难也要做下去

Q：现在环境治理、环境保护是全民关心的问题，但是在 20 世纪 80 年代，有环保意识的人比较少。我听说，您回国后有一阵工作并不顺利？

A：我是 1988 年回国的，当时科研单位还在探索如何改革，很多政策都不明确，连物质保障都出了问题。记得那年冬天很冷，中国环境科学院储存的煤炭只够烧三五天的，又没有钱买新的，经费十分紧张。过了段时间，国家又鼓励科研人员下海，或者去开展认证等活动，结果不但没有条件搞科研，还流失了一部分科研人员。

Q：在这样的环境下，您既没有下海，也没有出国。您在坚持什么？

A：我一直认为可持续发展非常重要，它不是口号，而是涉及当下的现实问题。改革开放以来，我国经济一方面获得大发展，另一方面，也在大量消耗以石化燃料为代表的传统能源。可你要知道，石化燃料形成的速度远远低于人类使用的速度，迟早会枯竭。而且，石化燃料对环境的破坏是很大的，而随着人们生活水平的提高，对美化环境的需求会越来越高。

怎么办？就要走一条用新能源、减少传统能耗的可持续发展之路。开发和采用污染少的产品和技术，必然会成为国际竞争的一大热点。这也涉及国家和民族的竞争力。应该说，当时以美国为首的西方国家走到了前面，我们落伍了。（这种情形下）作为科研工作者，我就更不能离开，再难也要做下去。

Q：您是从什么时候感到，这种坚持开始有了正回馈，是值得的？

A：从 2001 年开始，科技部对社会公益性科研单位进行了体制改革，建立了创新基地，对创新能力比较强、科技水平比较高的科研人员，在政

策、项目和经费上给予支持。比如，环境测试分析、生产过程模拟等，没有实验室不行，在发改委、科技部和当时环保部的大力支持下，我们实验室的经费越来越充裕，中国环境科学研究院的科技支撑能力也在不断增强。

另外，人们的观念也发生了很大变化，对环境保护日益重视，这对我们开展科研工作，是非常有利的条件。

Q：那么您认为，解决我国环境问题的关键是什么？

A：清洁生产，从思想观念、技术研发到企业的工艺装备创新，全面实行。我国环境污染的主要来源是工业污染，近年来，铅、汞、锡、砷等重金属污染频发，就是因为对清洁生产重视不够。如果采用合适的清洁生产技术，从源头上进行控制，一般可以将污染物削减80%。而且企业还能从废渣中回收有用物质、从废水中回收贵金属，从而大大节省生产原料的成本，甚至可以赚钱。

Q：也有一种声音认为，经济发展是头等大事，环境保护可以缓一缓，也就是"先污染再治理"。您怎么看？

A：环境保护和经济发展的问题，我认为二者确实还是存在一定的矛盾的。如果你要快速地发展经济，那么在资金、人才有限的情况下，污染就会比较严重。但是我觉得这是从当前短期利益来看，从长远来看还是要发展资源消耗少、污染低、效益好的有市场的产品。就像我一直强调的，只有可持续发展才有竞争力，才能够保证人类健康——如果连健康都失去了，发展又有什么意义呢？

所以近几年我又开始提倡循环经济，我写了一本书——《循环经济理论与生态工业技术》。我们国家的资源越来越（临近）枯竭，污染又比较严重，怎么办？循环经济是一个很重要的发展方向和解决问题的途径，也就是说，把上一个产业的废弃物作为我这个产业的材料，建成生态工业，就是模仿大自然，达到共生共济。

视野：没有基础科学，核心技术是没法突破的

Q：您从事的是基础研究，有一种观点认为，基础研究不直接产生效益，意义不大，还不如统统交给企业去研发。对此您怎么看？

A：这种观点是只看到眼前，没有战略眼光。走可持续发展之路，必须发展高科技，高科技里必须发展核心技术，而要拿下核心技术，必须通过对基础科学的研究。没有基础科学的研究和突破，核心技术是没法突破的。

谈到基础科学的突破，大学又承担着不可或缺的重要作用，所以我历来重视教学工作。现在科学发展很快，教学手段的发展也很快，但也可能出现一些新问题，我听说有些学生上课还在玩手机。总体看来，我觉得从老师方面对教学方法需要有针对性的改进。

Q：现在的确有不少学生觉得，传统的教学方法需要改进。这方面，您有什么建议吗？

A：我在美国读书的时候就注意到，老师讲课很有讲究。他讲得非常快，可能一堂课的内容我在中国读书时要好几堂课才讲完。而且他可能不是就讲一本书，他是以一本书为主，但还要讲很多其他书的内容，不时地给你推荐。同时我也注意到，他在核心问题上讲得非常慢。因为他知道这个地方学生自学是比较困难的，他很有经验，就会讲得很慢。

我觉得还有一个地方也是值得我们借鉴的。"老美"喜欢组织学生讨论，我开始也很不理解，后来发现很有用处。特别是我回国走上工作岗位后，我发现讨论很重要。在讨论中，学生可能互相启发，就会加深一些印象。

Q：那么对年轻学子您有什么建议吗？

A：现在消息非常灵通，自学的方法非常多，而且学生的求知欲都非常强，这些都是很好的。不过我觉得有些年轻学子，可能比较急功近利。这一点我感触挺深的。

我在北京带了很多博士生，我跟他们有不同意见，可以说我经常批评他们。为什么呢？因为他们急于发表论文，而发表论文就要在实验室做实验。按道理，你至少要建一两个四米长的实验室装置，跟真实电厂的装备一模一样。但是他们为了图快，建的装置比矿泉水瓶大不了多少。我坚决不同意，因为我认为，应该以解决工程实际问题为最主要目标。

我跟他们讲，用真实的生产规模装置做实验，丝毫不影响发表论文的速度。因为你用生产实际的数据，实验装置大，还配上照片，其实更容易发表。但现在的趋势，还是实验装置偏小。所以我希望年轻学子不要急功近利，搞科研需要踏踏实实、认认真真的态度。

（2016 年 12 月 2 日，同济大学）

孜孜矻矻 锐意创新

卢耀如：

要有"牛脾气"，事关生命安全寸步不让

人物小传

卢耀如，1931年生，福建福州人，工程地质、水文地质与环境地质学家。1950年毕业于鹤龄英华中学（福建师范大学附属中学前身），1953年毕业于北京地质学院（现中国地质大学）。现任同济大学教授，博士生导师，贵州师范大学名誉校长、中国矿业大学教授、国家减灾委专家委员会委员，中国环境与发展国际合作委员会委员等。长期从事岩溶地质的科研和工程实践，建立了岩溶发育与工程环境效应系统理论，参与实践及指导水利水电、铁道、矿山及城镇工程勘测研究；指导长江、黄河和珠江等流域上水利水电枢纽及铁道长隧洞等大型工程勘测、研究与基础处理工作，取得一系列经济与社会效益。提出地质生态环境新认识，为西南地区脱贫与可持续发展做出贡献。积极研究地质灾害，为防灾兴利提供决策依据。由于在岩溶（喀斯特）研究上的突出贡献，被国内外学者誉称"喀斯特卢"，曾获全国科技大会奖、地质科技二等奖、全国科技图书二等奖及李四光地质科学研究荣誉奖、河北省自然科学三等奖、河北省人民政府特殊贡献院士奖。1997年当选为中国工程院院士。

从平民子弟到工程院院士，从数学学霸到地质专家，从福州到北京再到足迹踏遍全国，卢耀如院士的一生，可以用勤奋、专注、广阔等词来概括。他见证了我国水文地质的发展和腾飞，也用自己的家国情怀和专业知识，为国家做出了卓越的贡献。从卢院士的话语里，我们能感受到，老一辈科研工作者是如何兢兢业业地助力祖国走向繁荣富强。

信念：团结一心，就一定能把事情办好

Q：卢院士现在名满天下，但您的家庭出身其实很平常，您是作为平民子弟一步步走上来的。能谈一谈这方面的情况吗？想必会给年轻人很多激励。

A：我家庭确实条件一般，甚至可以说是清贫，因为我父亲是小职员，收入有限，家里孩子又多，所以小时候的生活不能算充裕。不过我天资还可以，又喜欢读书，所以从小成绩就不错。初中毕业以后，我就报考了鹤龄英华中学（简称英华中学）高中部。英华中学是当时福州最好的私立中学之一，创立较早、师资雄厚，陈景润先生就是从英华中学毕业的。但是英华中学学费很贵，我们家难以承担。好在我成绩还算突出，每个学期都能获得奖学金，就靠这个支撑了下来。

Q：您刚才提到陈景润是英华校友，有意思的是，当年您也立志要解开"哥德巴赫猜想"？

A：这其实是一位老师对学生的激励，哪一位老师呢？沈元先生。他也是从英华毕业的，应该是1935年吧，后来他到英国皇家学院学空气动

力学，回来在清华航空系当主任教授。因为他母亲生病了，就回福州在英华教书。他不教我那一班，但他知道我数理化很好，我也经常请教他。沈先生就问我："自然科学的皇后是数学，哥德巴赫猜想是皇冠上的明珠，你敢不敢去摘这颗皇冠上的明珠？"我那时候十六七岁，年轻气盛，就说敢，一定可以。实际上哥德巴赫猜想是三大数学难题之一，一个高中生怎么可能解决？沈先生的目的是开拓你的眼界，给你树立一个远大的目标。

Q：沈先生对您的殷切期待，几十年后仍然可以感受到，而且您当年真是"学霸"，名满校园。不过据说您也遇到过挫折？

A：是的，有一次福建要举行全省化学竞赛，学校就找了我和另一位高三女生，要从我们当中选一个代表学校参赛。先考试，我平时成绩都在90分以上，是最好的，所以刚开始决定让我去。但后面又要比实验技能，那我就比不上这位女同学了。而化学实验是非常重要的，所以最终我落选了。这给我了很大的教训，从此以后，我做实验都很认真，填实验报告都是一笔一画的，以至于老师说你不用写得那么工整，太花时间了。但为了汲取教训，我还是坚持了一辈子。

Q：您参加党组织的活动也是在英华中学？

A：对，英华中学有不少进步学生。我高二的时候福州还没解放，进步学生经常组织民主活动，其中影响最大的是"反饥饿运动"。我被选入膳食委员会，改善学生的伙食。当时物价飞涨，粮食一天比一天贵，学生都快吃不起米了。我就以膳食委员会主任的名义出面组织了三天游行，要求国民党政府给学生发平价米。我们获得了广大师生的支持，最终成功了。这件事让我认识到团结的力量，相信大家团结一心，一定能把事情办好、把国家建设好。

Q：所以从英华中学毕业后您没有马上考大学，而是参加了团工委的工作？

A：对，一个是受到党的感召，感到年轻人要为党和国家做点事情，另一个，也考虑到家庭困难，想早点出来工作。几方面因素吧，我进了由团工委领导的福州市台南学联，主要跑各个学校，比如英华中学、华南理工等，搞健康工作。工作了七八个月后，我觉得有机会还是要念大学，于是就报考了清华大学数学系。当时离高考只剩十几天了，福州天气又热，四十多摄氏度，我热得生了病，就没考好，没能进数学系。当然我成绩还可以，那么就调剂到了地质系。刚开始沈先生还不同意，认为我应该再考。我觉得可以转系嘛，就这样去了北京。

Q：但是后来也没转成系，后不后悔？

A：这没什么后悔的，说是调剂，其实就是我挑的。这又跟英华中学有关系了。那时候为了激励学生，英华中学请了很多校友回来做讲座。有一位校友是研究地质学的，他就说，比起西方，中国的水文地质研究还很落后，将来一定要加强研究。这让我印象深刻，认识到地质学非常重要，所以选择了地质系。虽然刚开始确实想转系，但毕竟能打一点基础吧。1952 年全国高等院校院系大调整，清华、北大等高校的地质系都分出来，组建了北京地质学院（中国地质大学前身），那么我也跟着转过去了。既然转系不可能了，那我就好好学地质学，一样能建设国家。当时就是抱着这样的想法。

脾气：为工作一丝不苟，敢于反对苏联专家

Q：大学读了三年，您就提前毕业了，这在当时是响应国家号召吧？

A：实际上为了适应国家发展需求，1953 年全国理工科大学都是提前毕业的。像水文地质专业的人才，国家更是迫切需要。当时毛主席发出了"一定要把淮河修好"的号召，所以 1952 年暑假，学校指定我为领队，由

老工程师姜达权先生带领，和田开铭、钱学薄等四位同学奔赴淮河，参加工程建设。结束后，我写了《淮河大坡岭水库的工程地质条件》，这篇论文至今还保存在原地质部资料馆中。所以 1953 年毕业时，我已经具备了一定的实践经验。当年我就参加了辽宁和吉林两个水库的水文地质调查工作，后来我又担任原地质部淮河工程地质队队长、官厅水库地质研究队队长，还负责三峡工程南中关石灰岩坝区的勘测与研究。

Q：可以说年纪轻轻就被委以重任，您的"成名战"是调查官厅水库，这还是周恩来总理亲自抓的？

A：那是 1955 年的往事了。那一年官厅水库蓄水后，大坝发生喀斯特塌陷出浑水，情况非常危险。官厅水库可是北京第一大水库，库容 20 亿立方米，一旦溃坝，洪水冲进北京，后果不堪设想！当时，周恩来总理亲自打电话给原地质部党组书记何长工，要求立刻查明此事，并做出应对。原地质部领导研究后，决定任命我为官厅水库研究队队长。为什么选择我呢？是因为在这之前，我在新安江水电站工作时调查过喀斯特漏水问题，得到了部里的肯定。

我等于是临危受命，压力肯定是挺大的，毕竟是关系到首都安危的重任呐！我不敢怠慢，立即拟订了勘探计划，先后协调了 15 部钻机、两个水文地质组以及有关勘探人员开展工作。当时的地质部部长李四光、水利部部长傅作义，也带着中外地质专家前来"会诊"，群策群力，最终圆满解决了官厅水库的渗透塌陷问题。

Q：您也是在工作中得到了一个"牛脾气"的评价？

A：那是 1960 年，我陪同苏联专家索科洛夫去长江三峡一带及贵州地区，考察当地的地质环境。在贵州乌江渡，为乌江渡水坝选址时，我同索科洛夫发生了分歧。索科洛夫主张应选上游的白云岩为坝址，但我综合考虑了页岩防渗、白云岩古岩溶作用及风化等因素后认为，还是当前选择的坝址更为合适。在经过对实地材料的广泛分析和深入的野外调查后，索科洛夫同意了我的主张。

经过这件事，大家说我"牛脾气"，因为在当时，反对苏联专家的意见是需要勇气的。但我不是乱发脾气，而是以理服人，用事实说话。特别是水文地质调查，是人命关天的大事，绝对不能马虎。这方面我们是有教训的。20 世纪 60 年代，在一次西南喀斯特地区的中型水坝的建设工程中，我发现此处的地质肯定会发生左坝肩严重渗漏，所以提议改选坝址，但总工不同意，非要上。决定权在他，我也没办法。可结果呢，大坝建成后果然发生了大量渗水事故。我经常以此为例，告诫同事、学生，工作当中要一丝不苟，要有"牛脾气"，也就是坚持原则，事关生命安全、国家利益要寸步不让。

铭刻：当忠孝不能两全时，一定要先报效国家

Q：几十年来卢院士奔波忙碌，没怎么顾得上家里，家人能理解吗？

A：说实话，自从 1950 年上大学离开福州老家后，由于工作繁忙，加上要省钱寄回家供弟妹上学，所以我有三十多年没回老家。直到 1981 年，全国水文地质学术会议在福州召开，我才有机会回到福州。那时候我跟母亲快二十年没见了，她已经白发苍苍。两年后我准备去西南出差，忽然接到母亲病危的消息，我就先回福州。半个月后，看到母亲气色渐逐渐恢复，还能吟诵古诗词，我就去出差了。万万没想到，当我到达贵州乌江渡的时候，收到家里的电报，说母亲已经去世了。后来我才知道，因为我这段时间先后去了昆明、桂林、乌江渡，所以家里发的电报先后在几个地质局之间传达，直到母亲去世四天后，才到我手里。当天晚上，我一个人坐在旅馆的床上默默哭泣，可我还有重任在身，思前想后，我决定等母亲

"百日"那天再回家。

Q：促使您做出这样一个决定的原因是什么？

A：从小我母亲就教导我："当忠孝不能两全时，一定要先报效国家。"我是时刻铭记在心的。

Q：您一路走来，有过辉煌，也有过遗憾。现在您已经86岁高龄了，再来看今天的青年学子，有什么感触？

A：我先说三点比我们强的地方。一是物质生活条件很好，真的比我们那时候好多了。当然还有一些贫困学生，但是在学校里也能够得到更多帮助。二是中国的发展很好，这对于增加知识、扩大眼界，都很有帮助。三是现在的信息网络很通畅，大家都能得到很多信息。这几个条件，我们当年是不具备的。当年我上大学，是从福州出发走了好些天，才到北京的。不过我也感到，现在的80后、90后，条件是好了，但是如何摆正自己的位置，把自己的成长和国家发展更好地配合起来，还应该多加思考。还有，年轻人应该培养团队精神，用团队精神去攻坚克难。总之，未来的国家的栋梁，一定要能够在艰苦的环境当中，攻坚克难、勇往直前。我认为这样的青年是我们国家最需要的。所以我希望年轻人要以天下为己任，以国家的未来发展方向作为终身奋斗的目标。

（2017年5月8日，福建师范大学附属中学）

容柏生：
老老实实地工作，日积月累地创新

人物小传

　　容柏生，1930 年生，广东珠海人，建筑结构专家。1953 年毕业于华南理工大学。广东省建筑设计研究院高级工程师、总工程师。20 世纪 70 年代从事高层建筑结构设计方法的研究及实践，研制出一套完整的实用型设计方法及计算机程序。1983 年在国内首创新型"超级构架"结构体系。1989 年采用多项新技术及措施设计建成的 63 层高大厦，为当时国内最高的钢筋混凝土高层房屋，其中无黏结部分预应力楼盖的应用属国际先进水平，设计和施工获国家科技进步二等奖。在剪力墙结构中补充了短肢剪力墙结构。参编国家技术规范 2 项、主编技术规范 2 项。1989 年被原建设部授予"中国工程设计大师"称号。1995 年当选为中国工程院院士。

用精神矍铄来形容容柏生院士，是最恰当不过的了。别看他身形瘦小，说话时却充满着精气神，丝毫看不出这其实是一位耄耋老人。这同容柏生热爱体育运动当然是有关系的。而人生本来就像一场马拉松，凭借的是一往无前的勇气和坚持到底的毅力。这也是容柏生想要告诉年轻学子的——勇气和坚持，是成就他一生事业的最重要的品质。

见证：我是看着母校诞生的

Q：容院士是华南理工第一批学生，而且进入华南理工的过程也很有意思，您能介绍一下吗？

A：我是1949年考入岭南大学的，当时是美国天主教教会办的学校。它的特点是以启发为主，教授不是一条一条跟你说，而是每堂课把主要内容介绍一遍，然后学生自己去看书、理解，第二天提问，教授总结一下存在的问题。通过这样调动学生的积极性。这一点是我至今都很喜欢也很赞同的，因为这对于自学能力的培养很重要。

当时岭南大学是综合性大学，什么学院都有，还有培养神父的神学院。神学院的学生除了学神学，还必须选修英文和一门普通的课程，工科、文科都可以。因为神父也要生活，可以做副业养活自己。我当时有门课叫应用力学，老师就是神父。

那我后来是怎么转到华南理工的呢？广州解放后有一段时间，高等院校还没有改革，所以一年级、二年级，我就按部就班地读书。到了三年级，毛主席发出号召，一定要把淮河修好。那谁去修呀？当时工程人员不多，最后决定，凡是念三年级的工科大学生都去修淮河。于是我就去了，天天测量淮河流域的支流，测完这个测那个，跑了十个月。

1952 年回来后，刚好是碰到全国高等院系大调整，广州所有大学的工科全部集中到石牌，成立华南工学院（简称华工），也就是华南理工的前身。我学的是厂房结构、房屋设计，就被并到华南工学院。所以说，我见证了华南理工大学的诞生，我是看着它建立的。

Q：华工成立后，您的学习和生活是怎么样的？

A：刚成立的时候集体是新的、地方是新的，条件可想而知是比较落伍的。不过当时大学生是国家养的，学费全免，而且还管饭。每个月发饭票，你去饭堂吃饭，一块钱都不用给。这对家境贫困的大学生帮助非常大。

学习氛围也是不用说的，我更是拼命学习。因为三年级不是修淮河去了吗，专业课落下很多，全都并到四年级了。记得一个学期要上七八门课，我们要上土木结构设计、结构力学、工程学、材料学，等等，赶啊！而且当时新学期改革，全部学苏联。岭南大学是用英语进行教学的，但英文的那套方法跟苏联的不兼容，很多指标、指数完全不一样，我都要重新学。那一年可以说是学得非常辛苦。

不过总的来说，我的专业基础是在大四奠定的，这是华工带给我最重要的东西。所以我对母校有很深的感情。我 23 岁毕业，毕业证到现在还留着。这是一份见证。

Q：您的毕业分配也挺曲折的？

A：对，当时华工毕业生基本上分配到北方去了，而且是北京以北那一块，有些人报到的地方，在地图上都找不到。为什么我没去呢？因为体格检查不及格，暂停分配。后来我好了，就到省政府人事厅去要求分配，就这样分配在了广州。这届毕业生留在广州的，可能就我一个吧。其实我心里很想念研究生，可是能不能念研究生也是分配的，不是你想念就能念的。这样我就来到了广东省建筑设计研究院，从 1953 年干到 2003 年，一直到退休。

秘诀：必求甚解 + 知难而进 + 精益求精

Q：今天有不少学生会产生困扰，因为理论知识与实际工作存在脱节。您刚参加工作的时候遇到过这种情况吗，您是怎么解决的？

A：确实遇到过。因为学校里学的是理论知识，实践比较弱。我第一次参加工作，设计的是一所小学学校，四层楼高，砖砌体，钢筋管做楼面，叫育才小学。我要从头到尾进行设计，但具体怎么做，老师根本没讲过，我不会。怎么办呢？我只好请教老的技术人员，最后总算弄出来了。好在没垮掉，60 年后楼龄到了，就推倒了。那是我的处女作。

通过这个事例，我想告诉年轻人，学校知识跟实践脱节并不可怕，关键是你有没有学习的意愿和能力。我这人很简单，一直老老实实地工作，很努力、很用功、很花脑筋，每个问题都想很多、钻得很深。这样日积月累解决了不少问题，也有一些创新。

Q：听说您总结了具体经验，能谈一谈吗？一定会对年轻人有所启发！

A：三点经验。第一点叫作必求甚解。诗人读书可以"不求甚解"，我们不行的，什么看不懂就算了，不能算，一定要懂、一定要理解、一定要解决。工程设计上经常会出现一些你想象不到的问题，你一定要想清楚，为什么会出问题，症结到底在哪里？这个叫必求甚解。

第二点叫作知难而进，知道困难还要去冲、去解决。第一天解决不了第二天来，第二天解决不了第三天来，你必须跨越这个槛，要不然就在这卡死了。你的水平就到此为止，不会有成长。

第三点，精益求精，就是说工作不但要做好，还要好上加好。我最近看了李克强总理的一个报告，他提出"工匠精神"，其实就是精益求精，不仅要把工作做好，还要求精。你对自己的要求一定要提高，要想我能不能做得更好，再做点改进？这样才能进步。

我们搞工程的、学工的，老老实实做到以上三点，我觉得你的前途可以说是很宽广的，很容易取得进步。

Q：其实做到这三点，都需要有勇于克服困难的品质。是这样吗？

A：对，参加工作以来，组织上好像是有意给我压任务，安排的都是很困难的项目。但我都是勇于承担，并且尽力做好。我曾经接到一个航空的工程，要求二级人防。一般的工程都是五级人防，我连这个都没做过，二级人防怎么做？但是你既然安排了，我就接下来，想办法解决。我就是凭着一股知难而进的劲头，花了很多心思，最后项目通过交通部批准，实施了。

我再讲一个我的代表作——广东国际大厦。它的设计难度相当高，63层，限高200米。这意味着什么？每层楼的建筑高度只有3米，去掉房梁和天花板，只剩下两米多。一个国际五星级酒店，客房净高才两米多，根本住不下去。怎么办？我采用了预应力结构，不用房梁。整座广东国际大厦，那么多层全都是预应力结构，这是当时世界上采用预应力平板楼盖的最高建筑。我们后来赢得了国家优秀设计金奖、国家科技进步二等奖、中国土木工程"詹天佑大奖"，让我感到自己的努力很有价值。

箴言：好成绩不是想出来的，而是做出来的

Q：容老的设计都是属于那种表面平常，但很耐看的类型。而现在有

些年轻建筑师，追求外观上的奇异效果，对此您怎么看？

A：奇形怪状的建筑现在确实有很多，我曾经有一次讲座，搜集了我所知道的异形建筑，大概有十几个，都是稀奇古怪的，我都不知道怎么设计的。现在有人搞一些异形的东西吸引眼球，尤其像那些大集团，利用这个做宣传，我是不赞成的。因为建筑最重要的是结构，它要保证承重、抗风、抗地震。而异形建筑的结构设计一般是不合理的，为了应付这个问题，它就必须付出更高的代价，最后甚至硬来。这样不好。

从审美的角度说，建筑应该以美为主，异只能造成怪，而不是美。美要美得合理，不仅是建筑美，结构、设备也要美，这样才是一个优良的建筑。异形建筑虽然比较抢眼球，但是不实用，也没必要，是在浪费资源。

Q：容院士是 1930 年生人，今年（指 2016 年）已经 86 岁高龄了，但还是那么精神矍铄。这跟您热爱运动有关？

A：我这个人是很爱运动，而且兴趣是多方面的。举个例子，球类运动，除高尔夫不会，其他全会。跳水运动，我跳的不是 3 米跳台，而是跳高台。我年轻的时候只要有空，就练习跳远、跳高，我还参加过广州市的跳高比赛、广州市运动会、广东省运动会。杠铃、举重我都练过。我现在八十多岁，什么病都没有，可能跟我爱运动是有关系的。现在的年轻人，学习和工作压力都很大，但是千万别忘了锻炼啊！

Q：聆听您的教诲，真是让人受益匪浅。最后，您对年轻学子还有什么嘱咐吗？

A：比起我们当时困难的环境，年轻学子的学习和生活条件已经非常好了，我希望大家能珍惜现在拥有的良好环境，努力学习。不管哪门课都要学好，不学习，没有充实自己，是没有能力更没有底气的。我刚才说我毕业那时找工作，真是空空洞洞的，全靠后来自己的努力。好在我曾经有段时间被介绍去成立一个专科学校，我在那几年补充了很多东西。你补充的东西越多，你才能做好你的工作，在你的工作领域做出贡献。

　　我刚才已经说过三句话：必求甚解，知难而进，精益求精。好成绩不是想出来的，而是做出来的。大家要秉着这种精神，老老实实，不要好高骛远，从目前的工作中做起，一步一步的，自然就会取得成绩。

　　　　　　　　　　　　　　（2016 年 11 月 16 日，华南理工大学）

魏敦山：

建筑师要耐得住寂寞，沉得住气

人物小传

　　魏敦山，1933 年生，浙江慈溪人，建筑设计专家。1955 年毕业于同济大学，长期从事民用建筑设计工作，获教授级高级建筑师、国家一级注册建筑师职称。1994 年荣获"中国工程设计大师"称号。他设计的上海体育馆与上海游泳馆，先后获市级及国家级优秀设计奖及国家科学技术进步奖三等奖。在国外主持设计埃及开罗国际会议中心，获国家优秀设计二等奖，市优秀设计一等奖，国家科技进步三等奖，上海市科技进步一等奖，并荣获埃及总统穆巴拉克亲自颁发的"埃及一级军事勋章"。1997 年完成上海体育场工程，2000 年获全国第九届优秀工程设计金奖，2000 年12 月获首届"梁思成建筑奖"。2001 年当选为中国工程院院士。

　　魏敦山院士有"上海体育建筑之父"之称，曾任上海市建筑学会副会长，可谓是建筑界的"顶级大咖"。但是魏院士给人的第一印象，却是朴实——无论衣着还是语言，都透着一种平凡但坚定的智慧。这种品质和信念，来源于他于 1950 年代接受的信念：建筑是为了人而存在的。

缘分：因为热爱文艺，当了建筑师

　　Q：魏院士，您是怎样和建筑设计结缘的？

　　A：我高中念的是上海徐汇中学，有个叫刘奇的同学，他姐姐是搞建筑的。我去刘奇家里，看到很多图片，都是他姐姐画的建筑，非常漂亮，我就产生了兴趣，因为我自己也比较喜欢文学，喜欢看戏、摄影。第二年（1951 年）考大学，我就报考了上海圣约翰大学的建筑工程专业。圣约翰大学是上海当时最好的高校之一，出过很多名人，比如外交家顾维钧、王正廷，作家林语堂，民族资本家刘鸿生、荣毅仁，等等。它的建筑系也是很好的，贝聿铭就是在这里念书的。读到二年级，全国高等院系大调整，圣约翰大学各院系被分到其他高校，建筑系和土木工程系归了同济，我这才转了过去。

　　Q：您跟同济的缘分从此开始，听说您个人还有一段非常奇妙的记忆？

　　A：是的。同济大学有一栋教学楼叫文远楼，有着很重要的历史地位。为什么呢？因为这是 1953 年由中国建筑设计师设计的，这在当时，可以说是凤毛麟角。文远楼采用三层框架结构，设计精巧，而且是我国最早一座包豪斯风格建筑。这幢楼的设计者是同济的老师黄毓麟，而他就是我那位同学——刘奇的姐姐的丈夫。我并入同济后，建筑系就在文远楼里，黄老师还教过我。你说，是不是很有缘分？

Q：确实很有缘分！而且您跟爱人也是在同济相识的？

A：我是上大四那年认识我爱人的，当时她上大一，我们在校园里经常见到，就渐渐熟悉了。不过谈恋爱是在我毕业后，其实也就是星期日见见面，到咖啡馆坐坐，或者去电影院看看美国电影。后来我被分配到原北京铁道部，两年后调回上海，而我的爱人毕业后就在山东省建筑工程总公司工作，一做17年，等于我俩分居17年，直到后来她才调回上海。

Q：当年您求学时，同济大学有哪些重要学科？

A：我们同济大学的学科非常丰富，而且都是很重要的。根据我的理解，我们的规划、建筑、土木，包括桥梁、地下工程、高铁、交通，等等，都属于我们国家基本建设这个整体。应该说我们同济大学全方位地为中国城镇化建设这方面贡献力量，包括现在习主席提出的"一带一路"，我们要走出去，大部分都是土木、市政、建筑，等等。我觉得这方面是同济的很大的一个特点，而且也是很大的主要任务。

入行：埋头小工程，练就基本功

Q：1957年您进入上海市建筑设计院，当时很多建筑师热衷于做大型建筑，而您却承担了很多小工程，埋头好几年，您能说说当时的情况吗？

A：对。当时大家都争着做公共建筑，当"大设总"（大型建筑物的总设计师）。但我没有去争，而是做了很多小工程，比如校舍、工房。因为我坚信，自己的做法是符合社会需要的。1953年，国家提出了新的建筑指导方针："适用，经济，在可能的条件下注意美观"。其中"适用"是首要的，"美观"则要服从于"适用"。这同我国的经济发展水平是相适应的。当时中华人民共和国刚刚成立，百废待兴，在建筑方面要力求性价比高，这样才能将资金用于建造更多的工厂。

我就是按照这种原则，做了很多校舍和工房的设计，也就是俗称的"小工程"。而且我不仅仅工作上跟着政策走，内心也是非常认同的。你比如兴建工房，是为了解决工人大众的住房困难，而我自己的住房条件也比较简陋，将心比心，深感这是关乎民生的大事，设计者责任重大。

Q：您印象最深刻的小工程项目是哪一个？

A：1958 年，我参与了闵行一条街的现场设计，那是重点工程，上海建筑设计院非常重视，调集了精兵强将，包括张志模、庄镇芳等老一辈建筑师。那时候闵行还是一片田野，经过设计人员和建设者的辛勤劳动，出现了一条由多层工房组成的商业大街。当时的新闻媒体进行了热烈报道，作为参与者之一，我感到非常自豪。

Q：从个人成长角度来说，做小工程对专业技能的提高有什么帮助？

A：小工程看起来不像大型建筑那样光鲜，但很锻炼基本功。我们院当时承担着全上海中小学建筑设计的任务，每年都有九十万到上百万平方米的学校教学楼需要设计，数量大、时间紧。怎么办？我只能虚心向老一辈求教，并且广泛收集历年中小学建筑设计的案例，做详尽分析。在这个过程中，从楼层结构、建筑材料，到采光、交通路线等都涉及了。这样干了几年，积累了大量经验，基本功非常扎实。后来上海体委找到我设计体育建筑，可能就是看中了我的经验。

Q：您设计的第一个体育建筑项目是什么？

A：1963 年的上海跳水池，建在复兴中路，那是高档地段，为了节约用地，我首创将游泳池和跳水池合二为一的做法。这在当时还挺轰动的，后来这成为标准操作。因为上海市区的土地是寸土寸金，要实现最大化利用。

1991 年我承担的上海体育场（设计），更是将这一点发挥到了极致。上海体育场是一座具有综合功能的建筑，容纳了大型国际田径足球比赛场地、星级宾馆、水上俱乐部，等等。体量那么庞大，占地面积却十分有限，怎么办？我提出了"向天要地"的想法，将体育场设计成一个倒锥圆环体结构，上大下小，一下子从空中借得 3 万平方米，构筑了一片宽20 米、周长近 1000 米的两层大平台。这个设计还解决了数万观众的疏散问题。

Q：您后来成为上海体委的"御用建筑师"，主持建造了大量体育建筑，有"上海体育建筑之父"之称。您能得到对方的充分信任，靠的是什么？

A：对专业的执着追求。举个例子，设计上海跳水池的时候有个要求：为了拍摄运动员的水下动作，跳水池里要设水下观察窗。观察窗周边的止水封带设计，在技术上是个难关。为此我做了很多调查和科研，最终攻克了难关。这得到了上海体委的好评。

用心：以人为本，样样精通

Q：综观您的作品，它们都不花哨，以经济实用为主，但又很耐看。说起来，20 世纪 50 年代的建筑指导原则对您是不是影响很大？

A：确实是这样，我一直强调建筑要"以人为本"。因为建筑是人们生活、工作和学习的场所，建筑的主人是人，使用者也是人。你必须考虑人。我前面提到，上海体育场不是倒锥体吗？其实你仔细观察，会发现它是外环圆形、内环椭圆形，呈西高东低状。这是有意的。因为我注意到，重大比赛往往安排在黄昏前后，那时候西晒阳光强烈，西侧看台上的观众被晒得睁不开眼睛，西高东低就有效地解决了这个问题。

Q：另一方面，您也积极创新，还获得了国际上的好评。

A：我承接过五六个国际项目吧，印象比较深的是埃及的开罗国际会议中心。这是我国援建的一项大型工程，国家非常重视。我记得 1985 年确定后，由时任国家主席李先念去奠基，1989 年落成，又是时任国家主席杨尚昆去剪彩的。在设计中我以圆形建筑的伊斯兰式尖拱环廊为主，配以虚实墙面的组合，白色墙面与大面积茶色玻璃形成了强烈对比。由于在设计、施工各个环节都做得很好，这栋建筑得到了埃及总统的奖励，发给我们设计师一级勋章作为表彰。

Q：后来埃及打算在国际会议中心旁边建个五星级酒店，承建方也请您来设计。当中还有一个插曲，能说一说吗？

A：对，2006 年中国国家开发银行向埃及提供商业贷款，兴建这座酒店，由上海建工承包。上海建工先找到我，又觉得全交给我不放心，还请了另外几家公司竞标，大家都做了方案。然后上海建工选了三个方案，跟埃及方面讨论。有十七八个人吧，包括埃及当地的著名建筑设计师，完全是"盲选"，结果是我的方案胜出。为什么呢？因为别家的方案都设计了玻璃墙，但是你想，埃及气候炎热，用玻璃墙你得整天开着空调，成本太高了。说到底，还是"以人为本"。

Q：请用一句话总结您的设计理念？

A：布局合理、分区清楚、线路科学、贴近生活。

Q：您的成功经验，给了年轻学子很多启迪。那您有失败的案例吗？年轻人从中受益可能会更多。

A：当然有，郑州新区行政中心当时找了三个院士来做方案。我的方案是正方形的，本来名列前茅。但市领导看中了另一位院士的长方形方案，认为更活泼一些，最终我的方案落选。我当时在上海，接到电话后给学生打了个电话，让他陪我到共舞台看戏——我少年时代就迷恋京戏。我一直听戏，什么都没说。走到家门口我才对学生说了一句："建筑师要耐得住寂寞，沉得住气。"

这是建筑师面对挫折时应有的素质。特别是在中国做建筑师，业主的意见永远是第一位的。我是院士，人家还尊重我一点。如果是年轻建筑师，有时候简直就成了业主的绘画员，会觉得很无奈。这个时候，就用得上这句话："耐得住寂寞，沉得住气。"

Q：搞了一辈子建筑，您最想跟年轻的建筑设计师分享什么？

A：我觉得建筑专业人才应该博学。建筑师也好，规划师也好，各方面的知识都要具备一点。我是搞建筑设计的，但我也要研究结构的基本形式，还要研究通风、采光、建筑构造、材料、施工等各方面。不能说每块都很精通，但是什么都要有涉猎，这样工作起来就会得心应手。不然这个请结构师来做，那个请其他人来做，那要我们建筑师干什么呢？所以建筑师要具备全方位的技能，才能把工作做得更好。

（2016 年 12 月 2 日，同济大学）

谢礼立：

科学家要做别人没做过的事，说别人没说过的话

人物小传

    谢礼立，1939 年生，上海人，地震与防灾工程专家。1960 年毕业于天津大学土木工程系。中国地震局工程力学研究所名誉所长、哈尔滨工业大学土木学院教授、中国地震工程联合会会长。主要研究领域是地震工程与安全工程，研究重点是城市防灾能力评估、强震观测与分析、工程抗震设防、抗震设计规范研究等。国内外发表论文 400 余篇，出版著作多部。由他主编的我国第一部基于性态的抗震设计国家推荐标准《建筑工程抗震性态设计通则（试用）》于 2004 年正式批准颁布执行。2008 年在第 14 届世界地震工程大会被选为国际世界地震工程协会终身名誉理事，这是国际地震工程领域的最高学术荣誉和终身荣誉，也是我国唯一一位被授予该荣誉的学者。1994 年当选为中国工程院院士。

在整场"院士回母校"的活动中，谢礼立院士给人最深刻的印象是：满怀真情——对母校、对科学研究、对科学家的公共责任，他都富有深厚的情感，力求用自己的专业知识和辛勤工作，为国家、为民族、为科学的进步，做出自己的贡献，体现出一位"大科学家"的真正风范。

转变：国家的需要很宽，每个专业都可以使你成才

Q：对"院士回母校"活动，谢院士是大力支持、积极参与，充分体现出您对母校的深厚感情。那么我们就从"母校"这个词说起，请您谈一谈感想。

A：其实大家都对母校怀有感情，这涉及一个根本性问题——母校、母亲、祖国，都是一个人的情结。什么样的情结呢？就是你在这个环境中，也就是在母校、在家庭、在祖国生活，自然会产生一种没有这个环境，就没有自己的感情。更进一步的，你必然会产生要回报母校、回报母亲、回报祖国的感情。这种感情是非常自然的，是人的天性。所以人们都重视母校、重视家庭、重视祖国。我觉得"院士回母校"非常有意义，就是出于这种情结。我相信这也代表了广大天津大学校友，以及广大在读同学的心声。

Q：能感受到您对母校的深厚情感！不过我们也听说，天津大学（简称天大）并非您的第一志愿，甚至一开始，您也不想读土木工程专业。那么，您同母校之间的这种情感，是如何一步步建立和成长起来的呢？

A：我是 1955 年进入天津大学的，那年 17 岁。当初我没想过要进天

大，我高考志愿填了 11 所大学，天大排在第九个，我对它没什么了解。而且我想读的是原子物理专业，但最终被天大的土木工程录取。来到学校后，我还不死心，老想着换专业。

老师和同学知道了这个情况，就来开导我，其中有个同学（的话）对我触动最深。他说："我们的前程那么远大，你为什么只看得到眼前呢？"这使我认识到，世界很大，国家的需要很宽，每个专业都可以使你成才。于是我很快安定下来。所以说没有老师、同学的帮助，就不会有今天的我。我跟母校的感情就是这样建立起来的。

Q：在学习过程中，天大也为您提供了很多便利条件，听说还给予了一些"特殊待遇"？

A：天大提供了非常好的学习环境和资源，真的是把我当宝贝来培养的。当时有一批从助教升成讲师的老师，学校为了提升他们的业务能力，特别开设了一个班，请了国内最优秀的老师和苏联专家来讲课。当时我对这门课程非常渴望，希望能一起听。老师非常支持我，而我也是真正坚持到最后的几个人之一，考试成绩最好。专业课也没耽误。因为学校特别允许我，如果上课时间有冲突，可以补课、补交实验报告。

正是在母校的培养和关照下，我取得了全优的成绩。后来哪怕在"大跃进"和"文革"的特殊时期，我们也偷偷地坚持学习。我在天大五年，不断地成长，可以说是我人生最重要的五年。所以说我能够有今天，离不开母校的培育。

Q：在校期间，您还担任了学生干部，不过据说一开始您是拒绝的？

A：我非常不愿意担任学生干部，怕影响学习。系党组织的老师做工作，他们说："班干部做得好，可以把全班同学带动起来，这不比你一个人学习好要好吗？而且，一个人要取得好成绩，需要靠集体力量，那么你就得会做群众工作，这是一个很重要的锻炼。大学生不能只知道念书，还要培养其他方面的能力，这些对成才是必不可少的。"

那时我就抱着试试看的态度去做了。当然我是很尽心尽力的，同学也很支持我。结果我们班非常好，连续三年被系里评为优秀班集体。通过这段经历，我想告诉今天的学子，今后我们要到社会上去，为国家做贡献，离不开团队合作。而这种能力，是在大学中培养起来的。尽管会有一点时间损失，但非常值得，能让你锻炼自己、培养自己。

责任：说别人没有说过的话

Q：很多学子把读大学叫"跳龙门"，从农村、县城跳入大城市，改变命运。但是您当年放弃了回上海的机会，主动要求去哈尔滨。为什么？

A：当时号召大学生支援边疆嘛，而哈尔滨是我国最北边的省会城市。另外，1954 年中国科学院在哈尔滨设立了土木建筑研究所（现中国地震局工程力学研究所），专门从事建筑材料、土壤力学、工程结构和建筑设计的研究。这是中国地震工程领域的最高殿堂，而我当时已经开始关注地震工程，所以就选择去了那里。

Q：但其实当时科学界更关注地震预报，而不是地震工程，是吧？

A：是的。1966 年 3 月我国发生了邢台地震，造成了大量的生命财产损失。当时国内有一种很强烈的倾向，认为要解决地震灾害先要解决地震预报。我对这种说法存有疑虑，我认为地震不能预报。但是我没有办法说服大家，于是我就带着这个疑虑开始学习和研究，一干就是五十多年。现在我可以明确地说，根据人类目前掌握的技术是无法直接观测和预报地震的。其实地震造成的灾害，很多是房子设计的问题，地震造成的灾害损失是人为因素，不是天灾，而是人祸！所以我历来主张，地震区的房子必须抗震。

Q：我们看到，您的观点一开始并不受重视，但是您始终坚持，从未退缩。是什么样的信念在支持您？

A：我认为科学家的使命就在于探索和发现新知识、新规律，然后讲出来。这是我的职业信条。我一直跟学生讲三句话："要想别人没有想过的事，做别人没做过的事，说别人没说过的话。"

前面两句好理解，科研就是要创新嘛。"说别人没说过的话"，要解释一下。有的科学家埋头搞科研、写论文，不重视向政府、公众传播科学知识。其实这是很重要的。邢台地震发生后，我跟随研究所老所长、中国地震工程学奠基人刘恢先，进京向周总理和原地质部部长李四光汇报初步结论。临走前有人问我："你胆怯不胆怯？"我摇摇头说，我只想把我们的研究成果跟领导人讲清楚，这是科研工作者的责任。

Q：所以对您来说，科学家不应该只搞科研，还有着一份公共责任？

A：是的。长久以来我都是一边做科研，一边写科普文章、举办科普讲座。你要把道理说清楚，才会带来改变。1989年我就写过一篇《减轻自然灾害是人类的共同要求》，我指出，如果我们能将灾后用于抢救、重建的资金，拿出十分之一去做灾前的各种预防性投资，效益会提高好几倍。

Q：您还有个观点：科学家要勇于放弃，探索新知？

A：对，搞研究工作的人不能躺在成果上，把着成果不动，只在原来的问题上反复地修修补补。你必须把你搞得最熟悉的东西放弃，继续发现新东西。所以我讲，科研的特点是永远要做新东西，即使你做出了重要成果，你也必须把你熟悉的或者做出的放弃，再去做新的东西。

希望：精读文献一百篇，无师自通能科研

Q：年轻的科研工作者经常遇到的困惑是：科研究竟应该怎么搞？您

搞了五十多年科研，有什么好的建议吗？

A：就两点：第一，选题要选得对。第二，要认真学文献。如果你选题没选好，那意味着完成这项科研任务的基础不存在，你再怎么搞，也搞不出来。而只要你课题选得对，具备研究条件，一般来讲，只要付出努力就一定会成功。这个努力，就是第二步：查文献。

查文献是查历史上人类在这个领域做的贡献，一定要好好看。你看了文献，就知道人家为什么做这项课题，过去还有哪些人做过这个课题，每次做完留下什么没有解决的尾巴……你要把这些搞清楚，然后想好技术路线。如果你能做到这一步，我想你离解决问题就不远了。

Q：看得出来，您高度重视精读文献。

A：我有一句格言："精读文献一百篇，无师自通能科研。"你好好把人家的文献学一百篇、精读一百篇，然后再去跟导师、学友讨论，把你的观点说出来，大家一起讨论、辩论。只要你的课题有意义、有价值，一定能解决。所以我反复强调——要读文献！现在有些研究生，他的硕士论文、博士论文，参考文献列了好几百篇，但我怀疑他没有认真看过其中哪怕五六篇。他就是摆摆样子。这是非常坏的作风！导师不能助长这种风气，不能听之任之。

另外我感到精读文献对培养科研人员十分重要。这些年国家花了很多钱引进海归人员，其实你让一个研究生精读一篇文献，等于零投入地引进了一个海外的优秀人才；读十篇，就等于给国家省了引进十个人才的钱。假如你那个教研室有十个学生，每个学生念十篇文献，你就引进了一百个优秀的海外人才，而且效果远远比你引进海外专家强。所以我希望年轻人一定要认认真真地阅读文献，不要把文献当作论文后面的点缀，那没有意义。

Q：那种把文献当点缀的风气，确实很不好。但平心而论，现在大学生所处的环境，跟您当年很不一样了。他们面临学业、工作、婚恋等各方面压力，普遍有一种时间不够用的感觉。对此您有什么建议？

A：确实，要做的事情这么多，怎么支配时间，是个永恒的问题。当代大学生，一定要学会正确地规划时间。首先我们对时间要有正确的理解。我的理解：时间就是资源，就是资本，就是生命。一个人的生命是以时间来度量的，时间也是你最宝贵的资源。这个资源你支配得好，可以使生命延长且更有价值；支配得不好，则相当于生命缩短了。时间对每个人都是公平的，关键是看你能不能用好，能不能使其效率更高、价值更大。

对大学生来说，这个年龄段是学习知识效率最高的时候，所以同学们要把时间用在最重要的地方，就是花在充实知识、培养能力、完善自己上。总之，凡是对你将来有帮助的时间，都要把握好。

Q：科研的道路是充满艰辛的，作为过来人，您对年轻人有什么建议？

A：我想，搞科研工作和其他工作一样，都是有困难甚至有风险的。但是我感到一个人活在世界上，不能说就是吃喝玩乐，总还要为世界、为国家、为科学的进步，做一点贡献。这是做人的本分，要不你的人生就没意义。

当然，你必须为此做出牺牲，但那是值得的。不入虎穴，焉得虎子？有成就的人，不管是科学人士、文学人士还是体育人士，不吃苦、不冒风险，就不可能有成就。面对风险我们只能用更有智慧的方法，尽量减少损失，得到更多，而不是躲避，躲避是没有结果的。我相信在这方面，年轻的科研工作者会比我们更出色，这是社会发展的规律，一代终要比一代强。

（2016 年 11 月 28 日，天津大学）

心怀国家

荣辱与共

汪成为：
搞科研，必须时刻把国家装在心里

人物小传

  汪成为，1933 年生，浙江奉化人，信息领域专家，中共党员。1956年毕业于北京师范大学物理系，曾任原第七机械工业部 706 所副所长，原国防科工委及原总装备部系统工程研究所所长，原国防科工委及原总装备部科学技术委员会常任委员，国家 863 计划信息领域专家委员会委员、智能计算机专家组组长，国家 973 计划信息领域专家委员会委员、信息领域召集人，国家信息化专家咨询委员会委员。1985 年荣立一等功，1987 年被授予"英模荣誉证章"，1993 年被授予技术少将军衔，1998 年获何梁何利奖，2002 年获军队突出贡献奖，2012 年被中国计算机学会授予"终生成就奖"。1994 年当选为中国工程院院士。

85 岁，对于普通人来说，已经是耄耋之年了。而人们从汪成为院士的身上，却丝毫看不出"老"的痕迹。实际上他是如此"时髦"，AI、大数据、云计算……这些互联网流行词张口就来，而且总能讲解得鞭辟入里，远远不是一般的专业人士所能望其项背的。而谈起自己同钱学森等老一辈科学家的交往，汪院士更是娓娓道来，为我们呈现出一幅精彩的历史画卷。

起点：响应祖国号召，人生由祖国安排

Q：汪老八十多岁高龄了，您跟北京师范大学（简称师大）的缘分，真可谓源远流长。您中学就是在师大附中读的吧？不过听说，您是最后一名被录取的？

A：对，其实当时我考师大附中是不自量力。为什么呢？因为解放前我父亲是修公路和修铁路的，每次在一个地方修完了，他又被调到别处了。全家人就跟着到处跑。所以我没怎么好好念书，学校也不正规。中华人民共和国成立后父亲被调到北京，我也跟过来了。当时十六七岁，自命不凡，就打听北京最好的中学是哪里，他们告诉我是师大附中，我就去考了。结果才知道太难了，我只是勉强考上了高二的插班生。一进去班主任就和我讲："你是最后一名招进来的！"

Q：这也成为您发奋读书的动力？

A：个人用功是一方面，我是不服输的。更重要的是，师大附中有非常好的老师。比如教数学的钟善基老师，水平非常高，后来去师大教数学

了。还有教物理的毛鹤龄老师，等等。他们不仅书教得好，也很重视德智体美劳的全面发展，绝不让我们死读书。可以说，没有这些老师，根本就不可能把我这个几乎没有受过正规教育的学生，培养成合格的高中生。在师大附中的时候，我还看了苏联电影《乡村女教师》，感受到做一名人民教师，教书育人，是非常高尚的事情。

Q：所以您当时是准备当教师的？

A：这中间经历过一番犹豫。我父亲是学铁路的，他带我去八达岭那儿看京张铁路，跟我讲这是詹天佑设计的，打破了外国人说"中国人不会修铁路"的预言，为国家争了光。父亲希望我将来要像詹天佑那样，把中国的铁路修好，所以我也是想学工程的。

这样我很矛盾，思想斗争得厉害。恰好我高中毕业那年，国家动员有志气的年轻人当人民教师。师大的老师也和我讲，既然你觉得师大的老师对自己的成长很有帮助，那你为什么将来不做一名教师，帮助更多人呢？我被说动了，于是报考北京师范大学物理系。我立志要成为一名物理教师。

Q：在师大的学习和生活是什么样的？

A：我在师大念书的时候，是以玩为主兼学习，所以我文的武的都爱。我喜欢文艺，读过很多小说，还喜欢唱歌。我是师大合唱团的男高音领唱。我觉得这些爱好对自己的帮助非常大。因为科学和艺术是相通的，你能够对什么都明白，对我们国家的文化更明白，这样的话你就能够领会贯通。

Q：有意思的是，大学毕业后您又改行了。这是为什么呢？

A：事情是这样的。1956年毕业，学校觉得我的数理化尤其是数学和物理可以，就让我去考留苏研究生，报的是理论物理专业。我考得很差，很侥幸才考上了。那么我就学俄语，为去苏联做准备。突然有一天组织找我谈话，说国家需要把你的专业改了，改成搞导弹和控制专业。什么叫导弹、什么叫控制，我那时候根本就不懂，但是组织上说没关系，国家会培养你的。

于是我就不学理论物理，而去搞导弹和控制了。但是苏联不接收这个专业，因为太机密了。那我不是去不成了吗，就只能等着。这时候我知道国家成立了国防部第五研究院，由钱学森等老科学家主持。听到这个消息我就跳了起来，表示我哪也不去，就要去第五研究院。领导说你还不懂导弹啊，我说没关系，哪怕是让我扫地我都干。

Q：那么坚决？

A：就是那么坚决。为什么我对钱老这么敬仰呢？因为我在师大附中的时候就知道，钱学森是师大附中的杰出校友。既然我的老校友都去主持两弹工作了，那我怎么都得去啊！因此第二天我就参军，到了第五研究院。因此你看，我选什么专业、做什么研究，都是响应祖国的号召，由祖国安排的。

体悟：敢闯敢拼，也要听取老前辈的经验

Q：您是 1957 年进的第五研究院，从那时起就同钱老共事了。您从钱老身上学到了什么？

A：其实受钱老直接领导是在 1985 年。当时的国防科工委（现已撤销）决定成立系统工程研究所，我担任筹备小组成员，成立后担任总工程师，直接归钱老领导。我的办公室就在钱老隔壁，从此我们的沟通才多了起来。钱老给我印象最深的是，他具有深远的战略眼光和科学预见。

1986 年我国启动 863 计划，我被选为智能计算机专家组组长，制定中国智能计算机的发展战略。当时日本的"第五代计算机"吸引了全球

目光，很多人认为，我们搞智能计算机应当学习日本。我和钱老讨论了多次，觉得日本的路子不适合中国国情。当然了，说别人错很容易，但是自己该怎么做呢？我就想请钱老系统地谈一谈他对智能计算机的认识，钱老答应了。

我记得很清楚，1987 年 12 月 15 日，钱学森来和我们全体成员交流。他谦虚地说："我不是计算机专家，我是来向各位学习的。"然后钱老剖析了人工智能的本质和关键，结合中国的国情，提出了应该从 11 个方面开展人工智能技术的研究，即人工智能、脑科学、认知心理学、哲学、与形象思维有关的文学诗词语言、科学家关于科学方法方面的言论、社会思维学、模糊数学、并行运算、古老的数理逻辑、系统理论及系统学。回头看，钱老 30 年前对于人工智能的展望，和当今世界人工智能的发展方向是吻合的。

Q：据说您还被钱老批评过？

A：不是据说，是真的。那还是 1986 年，我不是负责制定计算机发展战略规划吗，其中涉及计算机软件。钱老就让我写一个这方面的战略规划。我个人觉得这个任务很轻松，因为当时我已经是首席科学家了嘛，有点自以为是。我很快把报告写完了，交给钱老。第二天早晨，钱老说"汪成为你来一下"。进了办公室，他说："我送你一首诗吧！"接着就念了起来："爱好由来下笔难，一诗千改始心安。阿婆还似初笄女，头未梳成不许看。"我一听脸就红了，这是清代大诗人袁枚的《遣兴》，意思是：一首诗要改一千遍才放心，没修改完的作品，就像没有梳妆的女子，不能随便让人看见。我赶紧把报告要回来，推倒重来。结果我一改就是两年多，还没把握交给他看。从这件事可以看到钱老是一个要求非常严格的人。

钱老对我的批评不止这一次。1993 年吧，我做了个报告，钱学森、朱光亚他们都来听了。当时我演示了一个计算模型，可以重现信息传播过程中，大脑皮层的复杂变化。那我当然很得意了，因为这是很难的事情。当天下午，钱老就给我写了封长信，指出这个模型是根据计算机实验得出的，把复杂问题简单化了，其实只是个小玩意。就这你还自鸣得意，这是科学的方法和态度吗？钱老教导我："你现在是国家高新技术领域信息方面的首席科学家，要对得起这个称号，不要搞些小玩意，你应该以帅才的标准衡量自己。"

Q：老一辈科学家的言传身教，对您的触动挺大的？

A：是啊，身边有这么一位严师，是我一辈子的幸福。通过跟钱老这样的老一辈科学家共事，我明白了一个道理——年轻人既要敢闯敢拼，也要听取老前辈的经验。所谓"以史为镜，可以知兴替；以人为镜，可以知得失"。从老一辈身上，你能明白他们有哪些长处，又有哪些短处，并且自己是可以创新的。

秘诀：在限制条件下得出最优解

Q：我们知道，计算机领域的发展日新月异，而您已经八十多（岁）高龄了，那么，您是如何跟上甚至领跑这个领域的新变化的呢？

A：从进入计算机领域那天起，我养成了一个习惯：每当涉及计算机领域的一个新名词或一项新技术出现，做下标记，并记录它们的成长和发展轨迹。如今，随着时间的推移，这一条条轨迹已长成一棵"信息技术发展树"。所以当下流行的词汇，如 AI、虚拟现实、大数据、云计算，我都是长期追踪的，并且形成了自己的见解。所以我也不会赶时髦、随风倒，人云亦云。在我看来，这些技术是双刃剑，我们只有明辨是非，才能使用好。

Q：您今年（2017 年）已经 85 岁了，仍然保持着旺盛的科研精力，秘诀是什么？

A：没有什么秘诀。其实到了这个年纪，做很多事都是有限制的。但是我觉得，限制条件是客观存在的，我从刚开始工作到今天，一直都有。对此，咱们不能埋怨，不要发牢骚，这样的人没出息。科研工作者是要在限制条件下求出最佳解，在客观条件下发挥最大的主观能动性。所以对我来说，不管多少岁，总是有东西可以研究、可以突破的。

Q：您不仅是科学家，而且从事的还是国防科技。您认为这个领域的科研工作者，最重要的品质是什么？

A：搞科研，必须时时刻刻把国家装在心里。我是建议年轻的科研工作者，去找吴运铎的自传体小说《把一切献给党》来读一读。他在我们国家最困难的时候搞武器装备，比如说无后坐力大炮就是他研究的。在这个过程中他受了很多伤，死去活来，但是他仍然坚持。因此吴运铎被评为"中国的保尔·柯察金"。在莫斯科高尔基大街 14 号，有一个"中国保尔"的展馆，里面展出的都是吴运铎的事迹。他的这本《把一切献给党》，详细讲述了他为什么要这么干，为什么哪怕残废了，还要研究武器装备。搞科研就是要有这样的精神。

Q：最后，您对年轻人有什么寄语？

A：如果说有什么寄语，就两条。第一，多实践。大学生很多时间是在学校里边学习，但是你想真正领悟，必须自己动手搞明白，不动手是不行的。古人就有一句话："纸上得来终觉浅，绝知此事要躬行。"不管你考试得分怎么高，甚至是 100 分，其实用处不大，什么事都得自个儿动手试一试。

第二，林则徐的一句话："海纳百川，有容乃大，壁立千仞，无欲则刚。"不管你将来做什么事，都会进入一个团队，在团队中，你要听取各种意见，这个叫"海纳百川，有容乃大"。要知道，大到一个国家，小到一个团队，它的发达绝不是靠哪一个专业的人，而是要群策群力。与此同时，你又要"壁立千仞"，就是要立得高。怎么做到？林则徐说"无欲则刚"，必须没有私欲，你才能立得高。

（2017 年 5 月 12 日，北京师范大学）

张乃通：
与祖国荣辱与共，兢兢业业工作

人物小传

张乃通，1937年生，江苏扬州人，通信与信息系统学科专家。1956年毕业于南京工学院无线电系（现东南大学信息科学与工程学院）。主持研制成国产化的MPT1327集群移动通信系统，并转化进入市场，打破了国外垄断我国专用通信系统市场的局面。曾任哈尔滨工业大学通信所名誉所长、教授、博士生导师，从教近50年，为国家培养了大批高科技人才。1999年获国防科工委科技进步一等奖，国家科技进步三等奖。2001年当选为中国工程院院士。2017年7月17日逝世，享年83岁。

2016 年现身东南大学时，张乃通院士虽朴素但精神，谈古论今都能娓娓道来。话语中，还藏着一些机锋，直指科研领域存在的一些不良现象。谁都没想到，一年多以后，张院士因病医治无效，在哈尔滨逝世了。值得欣慰的是，他的音容笑貌和谆谆教导，将长久地留在青年学子的心中；他培养的数十名硕士和博士，也将继续奋战在第一线，为中国的科研事业做出贡献。

身教：莫为小名利，忘记大本分

Q：张院士是我国第一批无线电专业毕业生，能谈一谈当时的情况吗？

A：我是 1952 年考进大学的，也是从我们那届起开始全国统考的，所以我也可以说是第一批通过全国统考的大学生。本来我考进的是浙江大学电子系，但正好碰到全国院系大调整。当时国家认为，无线电会有大发展，所以将全国的无线电系集中在两个地方——清华大学和南京工学院。所以我就在 1953 年，进入南京工学院无线电系。

我们大学实行四年制，而清华大学的无线电系学习苏联的五年制。所以 1956 年全国的无线电专业毕业生，就只有南京工学院的。所以我就说，我们是国家成立无线电系之后的第一届毕业生。（那年的毕业生）总共有78 个人，统一分配，去了高等院校、研究所、研究院。这样我们这届毕业生就分到了全国各地。

Q：能介绍一下您的学习经验吗？

A：我学习不是最好的，但是我做了两件事情。第一，每学完一章后，我自己要拿一张纸，写下这一章讲了什么，再把它夹在笔记本里。所以现在翻开我的笔记，这一页一页纸还在那里。第二，当时没有教材，只有讲义，是从苏联翻译过来的。资料不够，要到图书馆去查，我就天天泡图书馆。

虽然学习条件简陋，但幸运的是，师资力量很强。给我们讲课的老师，至少有三位教授。第一位是陈章老师，他没给我们讲过课，但我们曾经请他补习过。第二位是钱凤章老师，他教我们发送设备和电声设备，就是光路技术。第三位是王端骧教授，教无线电设备装配技术，很厉害。

除了这几位教授，还有一批老讲师带我们做实验。当时的实验要求很严格，我们两人或三人一组，自己出实验结果。做实验的目的是加强我们对课程教学的理解和学会使用仪器。

Q：钱凤章在中华人民共和国成立前就是著名无线电专家，被誉为"无线电三巨头"之一，您师从他，最大的体会是什么？

A：我说四点体会。第一，钱老是中华人民共和国成立前国民党中央电台的总工程师，他回来的时候，南京已经解放了，蒋介石希望这些人全部到台湾去。但钱老到广州就停下来不走了，最后把这批人带回来。从这件事，看得出他对新政权的信任。

第二，钱老在国民党的时候也不是官，他是搞技术的。中华人民共和国成立后评教授级别，我们系呢，陈章先生是二级教授，钱凤章、王端骧都是三级教授。有人就去问钱先生："你为什么不去争取更高的级别？"钱先生一句话就讲过去了，他说："陈章都只是二级教授，我有什么好争的？"从这里我深刻地体会到，咱们教授做人，不要为一些小名利，就忘记了大本分。

第三，我的毕业设计老师是钱老，他给我出了个题目：20千瓦的广播发射机。这是新技术，我还很兴奋，就埋头去搞了。题目做完后，答辩我得了4分，分数不高。钱老就问我："知道不知道你的方案不完善？"我说大方向应该没错。钱老说："你的问题就出在这，没有从实际出发，光追求新的东西，没有根据实际需要来。"这让我受到了教育。以后在工作中，我就强调：如果我要做事情，要先分析利弊，我应当做什么，不需要做什么。

第四，我毕业后被分配到哈工大，钱老告诉我要继续和他保持联系。后来钱老开设了一门新课，讲雷达技术，自己编讲义。有天我收到了钱老寄给我的邮包，里面就是这门课的讲义，是钱老一张张印出来的。我非常感动，这是一个老师对学生的关心啊。

坚守：祖国的需要就是我的需要

Q：知道自己被分配到哈尔滨工业大学的时候，您其实是觉得不太合适的？

A：是的。当时很多学校在做电子桥项目，这也是我感兴趣的，但哈工大根本没有电子桥。后来我才知道，我最初是被分到北京航空航天大学的，但是有一位被分到哈工大的学生不愿意去，我们俩就被互换了，我去了哈工大。原因很简单，我是班长。

Q：您心里有想法吗？

A：说实话当然是有的，但那时候的人很简单，祖国的需要就是我的需要，党叫到哪儿就到哪儿。党让我好好干，那我就好好干。 我是1956年9月5日办好离校手续的，一点没耽搁，当天晚上就背上行囊前往哈尔滨了。

Q：您之前一直在南方生活，忽然来到东北，适应吗？

A：觉得冷。我印象很深的是那天是10月2号，哈尔滨突然下起了大雪，那是真的冷啊。

Q：当时哈工大还没有无线电系，是你们过去后建立的？

A：对。我是在精密仪器系报到的，共青团组织关系落在电机系工业电子学教研室。刚报到不久，哈工大就要筹建无线电系了，我和另外 4 名教师，外加其他专业抽调来的 6 名学生，被送去清华大学无线电系进修。学了差不多两年，我们才陆续返回哈工大。

时间已经是 1958 年 10 月上旬了，再过一年，就是国庆十周年。为了献礼，我们决定干两件事：第一，尽快成立哈工大无线电系；第二，研制哈工大电视台，它的发射功率要大于当时的哈尔滨电视台。这两件事要合在一起，也就是无线电系成立的那天，也是哈工大电视台研制成功的那天。

我们这些青年教师就带着大二、大三学生，开始攻关，终于获得了成功。1959 年 3 月，哈工大无线电系正式成立。那天晚上，我们在电机、土木、机械三大楼用自研的电视台，全程播放了无线电系同学自编、自演的节目，作为庆祝，一下子就轰动了整个校园。

Q：您后来又创建了通信专业？

A：准确地说是重建。哈工大原本有通信专业，但是在 1960 年下马了。1962 年，我正在石家庄研究海军课题，忽然接到学校通知，说要根据"调整、巩固、充实、提高"八字方针，在遥测、遥控这类尖端专业的基础上重建通信专业。而重建的任务就落到了我身上。当时的哈工大校长李昌跟我讲，新专业要办起来，除了靠党和国家的支持，还需要主观努力。所以我就全身心地扑了上去，算是把通信专业立起来了。

Q：其实条件那么艰苦，而且您在"文革"中又受到冲击，是完全可以离开的。跟您一起去清华进修的同事，留在哈工大的也就您一个吧？

A：这个跟我的经历有关。我是 1934 年生的，4 岁的时候扬州沦陷，我有两个姑母惨遭日本人杀害。那时候我们每次路过城门，都要向日本兵鞠躬，这个屈辱感太深了。我从小就明白落后就要挨打，老百姓要遭受屈辱。我对无线电、对通信技术的钟情，也是因为国家强大需要这些专业。

我的座右铭一直是"与祖国荣辱与共，兢兢业业工作"，不因外部环境的变化而转移。

箴言：踏实做科研，不要沦为"科研骗子"

Q：从您的科研和教学过程中，可以看出您对实验的高度重视。为什么？

A：因为我认为实验既是科研的生长点，也是必不可少的教学环节。所以我一向鼓励年轻教师多做科学实验，还提出了"实验室起家"的观点。每年我都会送学生去研究所做毕业设计，合作承担科研课题任务。

Q：您对于不踏实做实验的人深恶痛绝，这在业内是出了名的吧？

A：确实。我碰到过很多人，自己才懂一点点东西，马上就想脱离具体实际。我给这种人取的名字叫"甩手掌柜"，这是做不好的。你要把科研做好，自己才能够成长。我也碰到过一些教授，岁数不大，只会武装自己的嘴巴，没有实际的东西，叫研究生代他去做事，我是很反感的。

Q：您对年轻一代的科研工作者，有什么期望？

A：第一，做学问，先做人。人的学问再好，做人不行，最后得不到结果。这是我亲身经历的。第二，青年学子，不要总是把自己放在最前面，要能够团结人。曾经有一位我的老师，他的基础是很好的，但是不能隐忍，最后就很可惜。第三，在科研中一定要老老实实。现在我们国家对科研方面投入很多，但不少科研工作者很浮夸。他只是跟着操作，操作会了以后，就申请很多的科研经费。按照我的说法，这就是"科研骗子"。我希望年轻人能够实事求是，艰苦奋斗。你如果认为是对的，就坚持，不要随风倒。

（2016 年 4 月 28 日，东南大学）

叶尚福：
我们要为国家争气，为人民做贡献

人物小传

　　叶尚福，1938 年生，四川成都人，微波天线专家。1961 年毕业于西安交通大学。长期致力于卫星通信地面站天线及高效馈源技术的研究与实践，尤其在多种大口径、高精度卫星地面站天线系统研制方面取得重大成就。主持研制的"自动跟踪卫星地面站天线系统"是国内最早的卫星地面站天线之一，"高精度卡塞格伦卫星地面站天线系统"的主要性能指标达到当时国际先进水平，在国防建设中产生重大效益。1987 年、2002 年分别获国家科技进步奖一等奖。1995 年当选为中国工程院院士。

中国工程院院士，两次国家科学技术进步一等奖、三次军队科技进步三等奖，这些闪闪发光的荣耀，让叶尚福在青年学子心目中，如同"神话"一般存在着。不过，由于一辈子扑在工作上，晚年的他身体不太好，说话的时候手微微颤抖。尽管如此，他的拳拳爱国之心，仍然透过质朴的话语，传递到每一位青年学子心间。

问学：在痛苦与磨炼中开花结果

Q：叶院士，您是如何同交大电机系结缘的？

A：选择交大的电机系一方面是受我父亲的影响。我父亲当时在电信局工作，他们电信局的技术人员大部分都是交大毕业的，他认为选择交大能让我在毕业后有不错的发展，前景很好。另一方面，交大很有名气，尤其在电力强电方面，从事机电工作的人员毕业后都有很好的生活与工作。所以我果断选择了交大的电机系。

Q：你们也是交大西迁后的第一批学生吧，这对于您个人产生了什么影响？

A：是的，我们是第一批。交大西迁的意义，于个人而言，是艰苦奋斗、痛苦与磨炼的过程，而我们甘愿在这种艰苦的环境里求知求学，历练我们的人生；于国家而言，在发展西部的进程中，交大的西迁就像一个播种机，在三秦大地培育了一代又一代的青年学生，现在他们已经茁壮成长，种子开花结果了。

Q：当时条件还是挺艰苦的，我看到那一代交大人，都会提到"草棚大礼堂"。您对此有什么印象？

A：印象当然非常深刻啦。记得当时在草棚大礼堂开会还会漏雨呢！当初虽然环境很艰苦，但是我们心里满怀希望，从来没有抱怨过。现在回想起来这是非常宝贵的精神。草棚大礼堂是交大西迁的标志性建筑，是交大人艰苦奋斗精神的代表。虽然因为年久失修，它在1964年被拆除了，但它仍然标志着我们西安交通大学艰苦创业、勇敢奋斗、自强不息的精神。

Q：您上学的时候正好遇到了三年困难时期，当时的感受是什么？

A：我们的生活还好，当然了，谈到吃饭大家都很开心。现在回想起来，要感谢西安人民对我们的关照。

Q：学习氛围怎么样？

A：刚开始进学校因为地域的影响，来自同一个地方的人在一起都说家乡的方言，老师讲课也用上海普通话，我们完全听不懂，一片迷茫。刚开始因为语言问题，大家交流不多，后来逐渐熟悉，便成了好朋友。

当时很穷，教材都是借来的。每天都要先打听第二天上课的内容，然后去图书馆借书。那个时候借俄语教材的人很少，所以我都是借俄语书来看，因此俄语进步很快。政府给我们创造了很多便利的条件，我们必须好好学习，报效祖国，报效人民。所以不管来自哪个地方的同学，学习都很勤奋，用一句话来概括就是三点一线的生活：教室——饭堂——宿舍。

Q：不过听说您化学考了个59分，挂科了？

A：说起来不好意思，我最差的就是普通化学，那一年这门课考试不及格，原因是老师讲课用的是带有浓重鼻音的普通话，我实在听不懂。不过我要说明一点，我虽然挂科了，但我非常诚信，没有作弊。我们那个时代，不及格就是不及格，不及格代表我还有机会重来。如果我犯规了，那就没有机会了。所以每个同学都要诚实，具备诚信的品格。我们考试都没有监考老师的，但是大家从不交头接耳、传递消息。从这些小问题可以看到大方向。

Q：您的物理很好，考了100分？

A：是的，这我要感谢我们的物理老师陈楷，他腿有残疾，当时是爬上讲台给我们讲课的。他对我的影响很大，不管是他坚持的模样，还是认真的态度，或是对同学的友善，都让我感到非常敬佩。大一的物理考试，最后一道大题很难，我做了三遍，最后一遍终于答对了，老师给了我100分，那是对我莫大的鼓励。

但是陈楷老师也是有脾气的，对于表现不好的人，他会委婉地教导。他是善意地劝告而不是斥责，是鼓励、希望而不是嘲笑。所以我现在对待团队里的年轻人（的态度）也是在学习他的精神。我觉得这是一生的经验，我很感谢他。

信念：感恩国家，一心只想报效国家

Q：毕业后您就被调入北京了？

A：对。我们当时进来的时候是四个班，毕业分配的时候是两个班，可见交大严谨治学的态度。由于我们是无线电系，多少带些保密性，分配的通知都是分批传达的。我接到的通知是去总政治部报到，于是就去了北京。

Q：心情怎么样？

A：我感觉到我终于可以开始赚钱供养家人了，真正成为男子汉了，心里面非常高兴。

Q：但是两年以后您就离开北京，被调去山沟沟里搞科研，心里有想法吗？

A：不会的，我的想法是，我们这代大学生，国家对我们很关照，待遇很优厚。我们感恩国家，一心只想报效国家。我在山沟里待了23年，说起这段经历啊，我就感慨。每个人的生活方式不一样，有的人虚度光阴、打牌聊天，有的人搞"革命"，我们这些人就搞生产。这23年从世界历史上来看，是电子信息技术由模拟向数字转化的关键时期，我们不能耽误，我就利用了那23年来丰富自己。我下决心要进步，要学习，要修炼专业知识。我自学了离散数学、计算机，还自学了日语、德语、英语、法语——为了看懂外国文献嘛！只要有空我就跑图书馆，图书馆里所有的外文书我几乎都看过。

Q：您也是我国最早使用计算机的人了？

A：我是搞电子理论的，有很多公式推导的工作，但是因为当时没有计算能力强大的计算工具，我们遇到的问题很大，所以我们开始学习计算机，而且用过各种类型的计算机，以至于大家误认为我是从事计算机工作的。1989年我出车祸住院，脾脏肿大，需要治疗三个月，躺在病床上什么都没法干，就写了很多手稿。还在当时例行检查后作废的医院检测报告背面，手绘出模型图。

Q：您一辈子在部队搞科研，最大的感触是什么？

A：部队的科研工作一点不比地方容易，困难很大。我需要在紧急的时候以最好的方式、最准确的情况、最佳的方法、最安全的手段，为国家提供最好的决策。这时候团队就很重要。我带过三个团队，每一个团队都经历了十年的攻坚克难。我们在多种大口径、高精度卫星地面站天线系统研制方面取得了重大突破，研发了我国最早的卫星地面站天线之一的"自动跟踪卫星地面站天线系统"等关键技术，填补了多项国内空白。

Q：怎样才能使一个团队有凝聚力、战斗力？

A：我有个座右铭：人心齐，泰山移，不做出成绩是怪事！大家要心往一处使，彼此支持，共同突破技术难关。我不当甩手掌柜，而是首先自己干活。我总是第一个上去，保证结果的准确性。虽然奖金微薄，十几年没有涨过工资，但是年轻人仍然愿意参加我们的科研团队。因为他们在这里能找到自己的位置，获得学习机会，实现理想，所以我的团队一直和谐稳定。

后盾：军功章上有我的一半，也有她的一半

Q：您搞科研那会儿，物质奖励还不高吧？

A：非常低，一方面奖金总数是一定的，另一方面科研时间长，团队人很多，因此每个人获得的奖金少。20世纪80年代，我们获得了第一个国家（科技进步）一等奖，那时我的奖金是800元，我认为很丰厚了。第二个国家一等奖相对多一些，有8000元，但是团队里面有一个同志感冒了，状况一直未好转，后来去医院检查发现是白血病，我就想把钱全部捐献给这位研究生。我同夫人商量，她没有一句怨言，很快统一了意见。捐钱是我自愿的，我捐完之后，团队的其他人也相继捐钱。我这个团队是充满人情味的，既能战斗又能互相体谅，我很留恋这个团队。

Q：看得出来，您的夫人对您是非常支持的？

A：是的，我的夫人谢淑仪是医生，无法进入部队，只能在成都工作，我们两地分居二十多年，每年只有一个月的假期能见面。家里有两个小孩、一个老人，所有的担子全都由她一个人挑。她是我最坚强的后盾，家里的事都不让我操心。

我对她心怀感激，就像歌曲《十五的月亮》中唱的："我肩负着全家的重任，你在保卫国家安全。"没有她就没有我。我经常扪心自问："在她的牺牲和奉献下，我得到了时间，能不好好干活吗？"1995年我当选为

中国工程院院士，这军功章上，有我的一半也有她的一半。我们 1968 年结婚，走过了将近半个世纪（到 2016 年），可以说是非常不容易。

Q：您为国防事业奉献了一生，对年轻人有什么寄语吗？

A：为了国家的安全，为了保卫国家，我们要做这些。我们要为国家争气，为人民做贡献。

（2016 年 5 月 18 日，西安交通大学）

潜心笃志

精研不倦

徐匡迪：
不管处在什么位置，都要把国家放在最前面

人物小传

　　徐匡迪，1937年生，浙江桐乡人，钢铁冶金专家。1959年毕业于北京钢铁学院（现北京科技大学），长期从事电炉炼钢、喷射冶金、钢液二次精炼及熔融还原的研究。曾担任上海市委副书记、市长，主持制定上海钢铁工业"三优"规划；2002年至2010年担任中国工程院院长、党组书记。多次获得国家及省部级奖励，是国务院第一批享受国家津贴的有突出贡献的科技工作者。2018年荣获中国工程科技界最高奖项——光华工程科技奖。1995年当选为中国工程院院士。

儒雅、谦和、大气，是徐匡迪院士给人的第一印象。而当他回忆童年经历，讲述自己如何在战火中出生、成长，如何为了国家、民族的前途，毅然放弃艺术梦想，投身钢铁冶金行业时，那份热忱与诚挚，令人动容。作为钢铁冶金的国际权威，同时担任过上海市委副书记、市长及中国工程院院长的"专家型官员"，徐匡迪院士的话语饱含深情，亦闪烁着真知灼见，令年轻人获益匪浅。

感念：一生中最幸福的时光，在钢铁学院度过

Q：您毕生研究钢铁冶金技术，是这方面的国际权威。但其实，年轻时您热爱音乐，想做一名艺术家。那是什么使您选择了钢铁行业？

A：这跟我的小学教育有关。我是浙江桐乡人，但并不是在桐乡出生的。1937 年抗日战争爆发，日寇占领了桐乡，我们家的房子被烧毁，全家逃难。父亲推着一辆独轮车，上面坐着已经怀孕的母亲，肚子里的那个孩子，就是我。所以我是在逃难的路上出生的，父母给我取了个名字，就叫"徐抗敌"。

这样一路颠沛流离，来到了昆明。所以我的童年是在昆明度过的。1942 年，我进了西南联大附属小学（简称联大附小）。二年级的时候老师跟我讲，日本鬼子长不了，你不用一辈子抗敌，改个名字吧。他拿毛笔写了"匡迪"两个字，告诉我是"匡扶正义，迪吉平安"的意思。我父母欣然同意，从此我改名叫徐匡迪。

联大附小的老师大多是东北流亡学生，家乡被日寇侵占，有强烈的家国情怀。国语课上，老师朗读陆游的"王师北定中原日，家祭无忘告乃

翁"；历史老师讲述岳飞、文天祥、史可法等人的事迹。最难忘的是有一次上地理课，老师一边在黑板上画着中国版图，一边流着热泪说，中国像一片大桑叶，日寇就像一条蠢虫，正在蚕食我们的国土。这些都深深地感染了我们学生。

当然，联大附小强调全面发展，我们的音乐老师毕业于联大艺术系，教五线谱、唱歌，使我爱上了音乐。抗战胜利后全家回杭州，高考时想报考艺术院校。那时候中华人民共和国已经成立了，听说国家迫切需要钢铁人才，于是我决定响应国家号召，报考北京钢铁学院冶金专业。

Q：您 1954 年进钢铁学院，1959 年毕业，正好是国家大力发展钢铁的时候，学校学习氛围很浓吧？

A：有一种蓬勃向上的精神。当时学校人没那么多，一年只招四五百个学生，总共不到四千个，但是非常热闹、沸腾。老师上课非常认真，也非常注意启发我们。很重要的一点，是极其重视实践。我们的实践和现在不太一样。我们从金工实习开始，做车工、刨工、铸造工、钳工，每个星期有半天做金工实习，二年级开始做生产实习，到太原钢铁厂去。三年级生产实习，我到大连、太原、抚顺钢厂实习。

实习回来我就当上了炉长。怎么当上的呢？当时跟着师傅，他做什么，我就做什么。开始师傅挺讨厌我，说我干吗老跟着他，站一边去，不要影响他烧火。带队老师就教我，要跟工人师傅交心，到师傅家去，帮他做家务、与他谈心，他才教我。这是以后我当干部非常重要的一点，我不为群众服务，群众怎么听我的？

我今天可以自豪地说，我在英国和瑞典都学习、工作过，钢铁学院出去的人，我碰到过两个，他们学的专业可能比我们宽、讲的内容比我们多，但我们的理论基础和实践的经验都比他们高。

Q：可以说，钢铁学院的经历，奠定了您一生的专业技能和人生态度。

A：是的。一生当中我认为自己最幸福、最充实、最丰富的生活，就是在钢铁学院里度过的。我甚至对钢铁学院改名为北京科技大学耿耿于怀。我是不愿意这么叫的，叫大学是不是比学院更大呢？关键（在于）你是什么。麻省理工现在还是学院，它还有医学院、人文学院。我去英国做访问学者的那个学校，到现在还是个学院，不叫大学，但是学术水平是一流的。

Q：您被公派去英国帝国理工学院研究钢铁冶金技术是在 1982 年，当时您已经 45 岁了，（是不是）有一种时不我待的紧迫感？

A：是的。英国导师说"你的课题做完需要三到五年"，但我表示力争早日完成。学校每天有两次茶歇，我都不参加，这样能省下一小时。工作日晚上我也待在实验室，每天又能多干四小时。最后两年我就完成了课题研究。同时，因为目睹了英国发达的市场经济，我对经济学产生兴趣，所以我又选修了宏观经济学。

Q：完成研究课题后您去了瑞典，在北欧喷射冶金公司当副总裁。任期结束，瑞典方面开出高薪，邀请您留任，但您还是义无反顾地回国了。

A：不仅仅是高薪，还提出把我的妻子和子女都接到瑞典。因为我任职期间，实现了专利技术的产业化，把原本需要半小时的炉内精炼流程缩短到不到 3 分钟。所以他们非常希望我留下来，但是我拒绝了。我要回国投身改革开放的大潮中去。我打个比方，中国的改革开放是一部历史戏剧，如果在戏剧最精彩的时候，你出去吃了两个蛋糕，喝了点咖啡，然后再进去，最精彩的部分已经过去了。

感悟：科技创新是社会发展的主要动力

Q：您投身钢铁冶金领域的时候，中国的钢产量还无法跟发达国家相比，技术也很落后。而现在，中国已经是钢铁大国、强国。您亲历了这个过程，最大的感悟是什么？

A：科技创新是社会持续发展的主要动力。习总书记有段讲话："纵观人类发展历史，创新始终是推动一个国家、一个民族向前发展的重要力量，也是推动整个人类社会向前发展的重要力量。"有人说，多搞点商业，发展服务业，搞第三产业，多搞旅游，我觉得不行。我走过世界上很多国家、很多地方。比如阿根廷，二战后经济排名进入世界前十名，最高到过第六名，是经济大国。因为二战期间，阿根廷靠近南极，没有受影响。美国需要它的粮食和牛肉，其他参战国家需要加工汽车、装备，所以产业都转到它这儿，当时它就能造船、造飞机，日子很好过。可是几十年过去了，阿根廷已经被中国远远甩在后面，工业也不行了。为什么？它的科技不行。尽管阿根廷旅游非常发达，探戈舞跳得很好，这个国家还是没有脊梁骨。

菲律宾也是，它还有美国扶持。马来西亚曾经很好，也没有上去。泰国也没有上去。亚洲四小龙：韩国、新加坡、中国台湾和中国香港靠的是科技和人才。如果没有自己的科学技术，永远只能做代人加工、来料加工出口、来料密集型。问题是，社会经济水平提高后，你的工资高了，人家就不来了。珠三角做服装、做鞋的企业都搬走了，都跑到国外去，因为那里的人工成本一个月只要 100 美元，我们现在一个月 400 美元，还不包括"三金"。所以科技工作者必须不断创新，以创新引领发展，（为社会）提供新的发展动力。

Q：我们需要什么样的创新呢？

A：关于创新，熊彼特提出了渐进式创新和突破式创新，包括材料创新、产品创新、工艺创新、市场创新，等等。市场创新的典型案例是美国亚马逊。它在网上卖书，买卖双方不见面，不需要超市，大家在网上交易。中国的京东、阿里巴巴也是市场创新。20 世纪 90 年代中期，C.M.Christensen 提出破坏性创新或者叫颠覆性创新。比如数码相机的出现，把柯达那套系统颠覆了，胶卷没有了，不需要冲洗照片了。再比如从前我们都喜欢双卡、单卡的录音机，光盘出来就把它给淘汰掉了。到了新时期，液晶显示电视机取代了显像管的电视机。

我国农业取得了巨大成就，但是由于没有创新，发展受制约。中国的种猪 92% 要从国外进口，肉鸡 100%、肉鸭 90%、奶牛 95% 需要进口。知道吗，英国樱桃谷鸭占领了我国肉鸭 85% 的市场。但是，它是英国樱桃谷公司从北京引进原种，经过 70 年改良育出的新品种。它的生长期比北京鸭快一个月，瘦肉率高、饲料转化率高、抗病力强。樱桃谷鸭现在一年出栏 11 亿，北京鸭是 800 万。

Q：那么您认为，我们应该如何激发创新的活力？

A：一个是科学家要有创新意识，另一个是培养新人。习近平总书记在两院院士大会上有个讲话，指出广大院士不仅要做科技创新的开拓者，而且要做提携后学的领路人，担负起培养青年科技人才的责任，甘为人梯，言传身教，慧眼识才，不断发现、培养、举荐人才，为拔尖创新人才脱颖而出铺路搭桥。院士要有这些精神，要提携后进。

我们正在为实现"两个一百年"奋斗目标而努力。第一个一百年，主要是靠我们这一代，20 世纪 20 年代到 50 年代出生的人来奋斗，也是为新中国、为四个现代化而奋斗。第二个一百年，2049 年，我肯定活不到，就要靠年轻人了。我相信年轻的科学工作者，一定能接过前辈的火炬，继续攀登高峰，把我们的民族真正从积贫积弱、受人欺负的半殖民地半封建的国家建设成富裕的强国。

品格：科学精神就是只问是非、不计利害

Q：从您的经历和言谈当中，能够感受到，您有很深厚的爱国情怀，

而且您认为，这也是科学家必备的素质。

A：是的。我一直认为，科学家必须有高度的爱国主义精神，这是各国科学工作者共同的理想精神、精神准则。中国的古代知识分子就有"位卑未敢忘忧国"的传统。不管处在什么位置，都要把国家放在最前面，国家兴亡，匹夫有责。

国外也一样。像法国微生物学家巴斯德，他发现了细菌，在现代医学、生物学上有里程碑式的意义，在法国、德国乃至全欧洲，都享有很高的声誉。但是普法战争爆发以后，巴斯德宣布退回德国波恩大学的学位，然后他说了一句很有名的话："虽然科学无国界，但科学家是有祖国的，要为祖国而奋斗。"

美国已故总统肯尼迪讲过一句话，这句话被美国人永远记住，那就是："不要问国家为你做了些什么，而要问你为这个国家做了些什么？"我们对美国有一个误解，觉得美国很自由，美国人爱怎么样就怎么样。不对。1986年我去参加洛杉矶奥运会开幕式，发现奏唱美国国歌的时候，美国人全体起立，把手放在胸上，从总统到一般人都是这样的。他们到幼儿园，学的第一句话是："我是美国人。"然后学美国国歌，一句一句教。在美国，爱国是很重要的。

Q：所以您一直很看重科学家的人格和道德。

A：是的。人们通常认为，造就伟大科学家的是才智，他们错了，应该是人格。道德是对个人行为的自我约束，是自发自律的。法律是外部对人行为的约束，是外律、强制的行为。道德是法律的外延，法律是道德的底线，法律是针对万分之一的人，法不治众。道德是99%的人在生活中自觉遵守的行为准则。社会需要法律，但最终要依靠道德来维系。所以爱因斯坦反复讲，科技工作者必须有高尚的道德品质。

Q：那么您认为，对科学家来说最重要的道德品质是什么？

A：献身的精神和刻苦钻研的精神。你要准备一辈子做这个事情，可能没有明显的成绩，但你还是要做下去。马克思说，在科学上没有平坦的大道，只有不畏劳苦，沿着陡峭的山路攀登的人，才有希望达到光辉的顶点。

清华大学"四大国学导师"之一的王国维先生用三段古诗词，描述做学问的三种境界。首先是"昨夜西风凋碧树，独上高楼，望尽天涯路"，这个时候别急，要选择怎么在这个地方有突破；其次是"衣带渐宽终不悔，为伊消得人憔悴"，日日苦苦钻研，但是还没有突破，这个时候人都瘦了，衣服破了，也就是废寝忘食了；最后才是"众里寻他千百度，蓦然回首，那人却在灯火阑珊处"，科学是不按照你的设计来发展的，带有偶然性，但必然是经过苦苦追寻以后才得到的。

美国学者帕尔伯格在《走向丰衣足食的世界》一书中谈到袁隆平院士的杂交水稻成果时说，从统计学上看，发现雄性不育野生稻种是小概率事件，可是这种奇迹居然眷顾了杂交水稻之父袁隆平院士。袁先生听了，用法国微生物学家巴斯德的名言"机会给准备好的脑袋"回应。他和助手在中国南方各省的水稻田里苦苦寻觅 20 年才找到这个，然后和普通水稻杂交，得到了高产稻种。

Q：您所理解的科学精神是什么？

A：只问是非、不计利害。科学研究不是为了自己获得什么东西，对我有什么好处；不是买股票，跌了还是涨了，我能不能赚钱。科学研究是追求真理、发现客观规律，为了坚持真理，很多时候就要有不计个人利害的精神。材料学界泰斗、国家最高科学奖获得者师昌绪先生，通过多年的实践，悟出了做人、做事、做学问的准则：做人要海纳百川，诚信为本，忍让为先；做事要认真负责，持之以恒，淡泊名利；做学问要实事求是、勇于探索，贵在发现与创新。

（2016 年 4 月 22 日，北京科技大学）

毛新平：
有机会做感兴趣的事，一定要坚持下来

人物小传

　　毛新平，1965 年生，湖南常德人，金属压力加工专家。1989 年毕业于武汉钢铁学院，获硕士学位；2006 年毕业于北京科技大学，获博士学位。长期从事薄板坯连铸连轧技术研究和低成本高性能钢铁材料研发，主持设计了我国第一个薄板坯连铸连轧工程，初步构建了基于薄板坯连铸连轧流程的低成本高性能钢制造技术体系。曾任冶金工业部武汉钢铁设计研究总院副总工程师、广州珠江钢铁有限责任公司总工程师，现任武汉钢铁（集团）公司研究院常务副院长。2015 年当选中国工程院院士。

一件白衬衫、一双黑皮鞋，干净爽利。熟悉毛新平的人都知道，这成了他的"标配"。事实上，毛新平常年穿白衬衫，理由是"这样就不用为考虑穿什么而浪费时间"。一个一心扑在科研上的"理工男"形象呼之欲出。其实，早在大学时代，毛新平就喜欢打羽毛球、乒乓球、排球，还会游泳、跳舞，整个一个体育健将。工作后，科研压力繁重，但这些爱好，仍然得到延续。"最初都是因为兴趣，然后就坚持了下来。"毛新平笑谈。兴趣和坚持，也成为他人生的两大关键词。

机缘：子承父业，一辈子与钢铁结缘

Q：从大学到今天，您一直从事钢铁行业，那您与钢铁是怎样结缘的呢？

A：其实很简单，子承父业。我祖籍湖南常德，但出生在武汉，父亲是武钢人，所以我从小在武钢长大，一直被钢铁的气氛包围。1982 年我考入武汉钢铁学院，从本科念到硕士，毕业后进入武汉钢铁设计研究总院轧钢室。到现场工作以后，我感觉有进一步提升理论知识的必要，所以又到北京科技大学读博。这里面也有一点家庭原因。因为我父亲也是北京科技大学毕业，他是 1952 级采矿专业，1956 年毕业，到武钢工作到退休。

Q：听说读博期间，您的课题跟导师的专业方向不太一样，但他还是非常支持？

A：是的。我导师主要是做冶金的，而我选择的课题偏向材料。但老先生非常支持我的选择，他说我这个课题是从工作中来的，是我的兴趣所在，而且我的资源也很丰富，是很好的选择。所以他大力支持我，给予了我专业和系统的指导。我特别感谢导师和学校，给了我自由研究的空间。对于我后面把科研工作做得更深入、更细致、更系统化，有非常大的帮助。

Q：您的兴趣，是对薄板坯连铸连轧技术的兴趣吧？

A：是的。我研究生毕业的时候，国际上刚好兴起了一轮对薄板坯连铸连轧技术的研究高潮，世界上第一个薄板坯连铸连轧产线投产。当时的冶金工业部觉得，这可能是发展的方向，提出建一个示范工程。这个工程被武钢设计研究总院承揽了。因为这项技术比较先进，研究院就叫我们几个研究生加入团队，就这样我接触到了薄板坯连铸连轧。这是一个很偶然的机会。

Q：您后来深耕这项技术30年，偶然当中一定存在着必然。那么这个必然是什么？

A：应该说是兴趣。一干上以后，我确实挺有兴趣的。直到今天，薄板坯连铸连轧还是一项探索中的技术，还存在很多问题。我是1989年开始干的，问题就更多了，有很多新东西要去探索。比如，你把连铸和热轧两个工序连起来，就有很多工程上的事情要解决。这是非常有挑战性的，整个过程让我充满了兴趣。

到了1995年，我成了这个项目的总设计师，在徐匡迪院长等前辈指导下，1999年项目建成，并在广州珠江钢厂建成投产。这是我国第一条薄板坯连铸连轧的产线。之后，我继续深耕薄板坯连铸连轧技术，前后加起来将近30年。做这个事情始于偶然的机会，但能坚持下来，靠的是兴趣。

Q：总结下来，您的成功可以归纳为两个关键词：兴趣和坚持。

A：对，我一直跟年轻人说，如果有机会做自己感兴趣的事，一定要坚持下来。

克难：失败了？换个思路，再来！

Q：在攻坚克难的过程中，最大的难关是什么？

A：传统炼钢工艺铸钢后会形成 900 摄氏度的钢坯，你首先要把它降温，然后运输到轧钢机组，再加热到 1200 摄氏度，最后才能轧制。这中间存在巨大的能量损耗。而采用连铸连轧技术，薄板坯铸完就可以直接轧制，这样既有效减少了运输时的热量损失，还能避免温差变化导致钢材性能减弱。是吧？

可理论虽然好，到底适用什么工艺、能够生产哪些产品，当时国内外都没搞清楚。所以项目开始后，挫折不断，很多人都泄气了、转行了。技术难关就像一把筛子，把大多数人筛走了，只有少数人坚持了下来。

当然光靠坚持是远远不够的，还得动脑筋。当时的连铸连轧，采用的是锂、钒等材料，成本高、工艺难度大。我就想，我国钛资源储量约占全球 46%，是钛资源最丰富的国家，那相较于高成本的锂和钒，研制薄板坯连铸连轧工艺条件下的钛微合金化钢，性价比应该更高。我就沿着这个方向努力，获得了成功。

Q：所以，换脑筋是科研工作者必备的素质之一？

A：是的。再举个例子，2013 年的时候，我判断未来的汽车材料应具备高性能、低成本、生态化、绿色化四大特征。那么，探索简约高效的制造流程、研发低成本高性能钢铁材料，将是创新发展的方向。我就提出，如果能将短流程制造技术与汽车车身轻量化技术相结合，采用薄板坯连铸连轧工艺，有机整合传统流程的连铸、加热、轧制等工序，不是更简约高效、节能环保吗？

很多人觉得这是不可能的。因为当时的行业共识是，利用薄板坯连铸连轧工艺生产的薄规格热轧板是中低端货，而汽车用钢是高端的，两者不能相通。我也不反驳，只是鼓励我们团队说："别人说你不行，不要争，做好自己的事。"

做的过程充满了曲折，很多技术难题全世界都没人碰过，失败是常有的事。失败了怎么办？换个思路、换个方法，再来！我们用三年时间，做出来了。又用三年，与北汽、长安、奇瑞等主机厂展开项目认证，又都通过了。我们的产品很快投入了使用，那些质疑我们的人，也就服气了。

Q：看得出，您不仅仅是自己搞科研，也很擅长激发团队的力量。那么，团队在科研中有多重要？

A：这已经不是一个人包打天下的时代了。每一项新工艺的突破，从设计到研发再到生产，都凝聚了无数人的心血，团队负责人的任务，就是在一个长时间段中完成各项资源的综合调度、协调，让团队能够发挥出最大的能量。为此，我也可以承担一些行政职务，只要是对团队有利。

抉择：专业理想排第一，其他的往后排

Q：您人生当中有一个很重要的抉择：2002 年您离开武钢，出任珠钢的总工程师，等于从央企跳到了市属企业。很多人不理解，您为什么这样做？

A：专业理想。如果追求个人利益和享受的话，无论去哪儿，我都有很多机会，挣更多的钱、当更大的官。但我这个人是专业理想第一，其他的往后排。所以哪里能够实现我的专业理想、能够让我完成自己的专业研究，我就去哪里。

当时我考虑的是，珠钢是我国第一个采用 CSP 技术的企业，总投资近 50 亿元人民币，是国家重点工程，有利于发挥我的长处。那我去了以后，结束了华南地区没有薄板的历史。经过发展，珠钢的集装箱板占据全

球 30% 的市场。

Q：后来重返武钢，担任武钢研究院常务副院长，也是出于"专业理想第一"？

A：对。回想上大学的第一天，校长讲道，中国的钢铁工业还很落后，年产钢 3000 万吨，仅为美国的二十八分之一、不到日本的三分之一，而且产品单一、质量不高，整体比发达国家落后 30 年。老校长的话我今天还记得，从那时起，振兴中国钢铁行业，就成了我为之奋斗的理想。今天，我们已经是钢铁大国，就拿薄板坯连铸连轧技术来说，产能就达到了 3500 万吨，是世界上拥有产线最多、产能最大的国家。

但我们还不是钢铁强国。毋庸讳言，中国的钢铁产业发展遇到了问题，不过也应该认识到，产业的发展是周期性的，我们今天遇到的问题，其他发达国家都遇到过，我们要正确对待。作为结构性材料，钢铁的廉价性、多样性、可循环利用性，其他材料没有办法替代。所以要做的，就是怎么把这个材料用更加简约高效的流程生产，消耗更少的社会资源，使产品以更低的成本制造出来，让它的性能更广泛、更高效。未来 50 年，甚至更长的时间，年轻人有很多工作要继续去做。

Q：对新一代的钢铁科技人才，您有什么建议吗？

A：我抛砖引玉。对于正在学习的学子，我有一个建议，学专业知识时，更多地研究一下学科发展的历史。冶金、压力加工，现在已经是比较成熟的技术，所以你应该更多地学一下技术的由来，怎么演变到今天的样子。这对于了解你研究的课题所处的位置，特别是判断研究方向，可能更有意义。

（2016 年 4 月 22 日，北京科技大学）

李言荣：

良好的心态和健康的身体，是通往成功的基石

人物小传

李言荣，1961 年生，四川射洪人，电子信息材料专家。1983 年毕业于四川师范学院，1992 年 12 月毕业于中国科学院长春应用化学研究所，获博士学位。曾留学德国 Karlsruhe 科研中心和美国 Colorado at Boulder 大学。现任电子科技大学教授、校长，电子薄膜与集成器件国家重点实验室主任。长期从事电子薄膜材料与器件应用研究，发明了倒筒式溅射旋转沉积薄膜制备技术，解决了大面积单、双面 YBCO 超导薄膜面内均匀性和两面一致性，形成了小批量产品。发明了介电薄膜的纳米自缓冲层技术，显著提高了多元氧化物介电薄膜工程应用的耐压能力和生长取向特性。热释电薄膜红外传感器已装备于煤矿瓦斯监测系统，一体化集成的薄膜应变、温度传感器已应用于航空发动机叶片状态检测。利用介电/半导体集成薄膜技术，积极推动新型集成电子器件的发展。主要成果分别获得 2003 年和 2007 年国家技术发明二等奖。2011 年当选为中国工程院院士。

　　谈求学经历、谈科研历程、谈家国情怀、谈个人感悟，在"院士回母校"活动中，李言荣院士可以说是倾情奉献，用生动而深情的讲述，为年轻学子提供了可供借鉴的榜样，并且以恳切的建议和希望，照亮了他们的未来。

感恩：进了一所好学校，遇到一批好老师

　　Q：李院士现在是院士、博导，但鲜为人知的是，您当年的求学之路很不容易。能为同学们介绍一下吗？

　　A：我出身农村，父母没什么文化，家庭背景又不好，小学毕业后本来是无学可上的。像我这样情况的学生，还有好些。所幸，四川省射洪县政府很有心，主动出资在金华中心开设了一个班，专门教我们这批人。所以说，我的读书机会来之不易，我很珍惜。

　　对我这样普通家庭的孩子来说，出路就两个：一个参军，另一个考学。非常幸运的是，1977 年恢复高考。听到这个消息我非常高兴，因为从小学到高中，我成绩都比较好。我下定决心，要抓住这个宝贵的机会，考进大学。后来我考上了四川师范学院（今四川师范大学，简称川师）。所以我们这代人非常感谢改革开放，感谢小平同志及时地恢复高考，不然我们就被耽误掉了。

　　Q：您还考了两次？

　　A：对，1978 年第一次参加高考，过了大专线，我不太满意。正好那时候进大学要政审，这需要一段时间，这给了我思考的余地。我决定干

脆重头来过。很幸运，1979 年我考入了川师。其实川师是我的第二志愿，第一志愿我不记得了，多半是医学院校。因为我们小镇上的大学生基本从事两类职业，一类是医生，还有一类是中学老师。他们都非常受人尊敬，待遇也不错。以我那时的职业认知，高考志愿就填写了医学院校和川师。

Q：川师在成都，所以去大学报到，也是您第一次进城？

A：是的。我从射洪县先坐车到绵阳，再从绵阳坐火车到成都。这是我第一次坐火车、第一次到省会城市，心情非常激动。

Q：在川师四年，对您来说最大的收获是什么？

A：我觉得我非常幸运，进了一个好学校，遇到一批好老师。他们不仅给予学业上的指导，还给我们的人生指明了方向。以前我除了学知识，其他事情都不懂，对外面的世界是没有认知的，以为读了大学就万事大吉了。因为在那个年代，能上大学是一件了不得的事情，考上后家里要放鞭炮庆祝的。但是教物理和化学的蔡冀英老师告诉我们，将来要考研究生、考托福，还要争取出国。这些是我们从来没听说过的。

此外，我们的辅导员冯可甫老师，还有化学系四大教授都非常优秀。照理说本科生很难能见到教授，但川师这一点做得非常好，让教授们来给本科生上课。我们从中学到了很多，视野也开拓很多。我一直感念，是川师打开了我这个小镇少年的视野。川师是我科研生涯的起点。

Q：毕业后您本来是有机会读研究生的，但被分配去了重庆教书。这对您的打击挺大的？

A：是的，按照成绩，我是可以读研究生的，但还是卡在了家庭出身上，没读成。1983 年毕业以后我被分配到重庆师范学院，也就是现在的重庆师范大学，教了几年无机化学。说实话，我情绪是有点沮丧的。好在冯可甫老师和蔡冀英老师都不断地鼓励我，让我不要放弃。所以我在重庆一方面努力教书，一方面继续学习，等待机会。

1989 年 10 月，机会终于来了。当时中国科学院长春应用化学研究所招生，那是科学院里最好的三个研究所之一，我一直梦想着能考进去。于是我立刻报考，而且申请了硕博连读。后来才知道，申请硕博连读的那批同学里，有好几位来自中科大少年班，还有北大、清华推荐的（学生），竞争异常激烈。最后成功的才几个，我很幸运地成为其中之一。

Q：您的求学历程充满了曲折。其实，工程院院士您也是申报了三次才成功的。可以说，您的人生不是顺风顺水的，但您总是能克服挫折。对此，您有什么经验能分享给年轻人吗？

A：我觉得一个良好的心态太重要了。失败几次无所谓，因为很多东西不是你能够决定的，但是你一定要保证自己在努力的路上。然后就是随遇而安、顺其自然，我们不要钻到牛角尖里去，这样会让自己活得很累，无法接受失败的事实。还有一个，就是要养成运动的习惯。运动不仅能够给我们带来健康的体魄，更能给人带来正能量。我自己很喜欢锻炼，羽毛球、游泳、乒乓球、爬山，等等，我都喜欢。这样能保持积极向上、乐观努力的生活状态。总而言之，良好的心态和健康的身体，是通往成功的基石。

勤奋：校园凌晨的景色，没有比我熟悉的了

Q：读完博士后您进了电子科技大学（简称电子科大），然后去德国、美国留学，那是 1995 到 1999 年吧。说实话，那时候国外条件比国内好，您有过留下来的想法吗？

A：没有，因为我就是带着使命去留学的！当时有一个很重要的领域——高温超导，大家争相研究。但国内还比较落后，我们就联系了外国最好的实验室，我过去跟着学习，看别人是怎么想、怎么做的。留学期间

我非常勤奋，圣诞节别人都放假了，我抓住这个宝贵机会，一个人跑去实验室。在做实验的过程中我发现有一种可能性，是他们未曾想到过的。我第一反应就是，我要带着这个实验成果，回国组织人继续研究。当然我承认国外的条件更好，但寄人篱下，舞台终究是有限的，回国机会更多。

Q：这个新发现就是高温超导薄膜，您为此付出了十年心血。

A：是的，从我回国一直到完全做成，用了十年时间。这十年内我和我的团队没有做其他任何事情，只盯着这一件事情做。我心想，一定要把高温超导薄膜做好做透。那十年很辛苦。大家都知道美国的篮球运动员科比，他曾经说过，你见过凌晨四点的洛杉矶吗？我们在电子科大做实验的时候也是这样，每天做实验不到凌晨是不会结束的，可以说电子科大校园凌晨的景色，没有比我们更熟悉的了。就这样坚持了十年，十年如一日、十年磨一剑。我最大的体会就是，坚持是最重要的一件事情，它是人生的第一步台阶。如果一开始都坚持不下来，就不可能跟着跑、并排跑，更不可能有领跑的一天。

Q："十年辛苦不寻常"，这句话用在您身上再合适不过，您的谆谆教诲也让莘莘学子获益匪浅。您勤奋科研的例子还有很多，比如您曾承担两个973项目（国家重点基础研究发展计划）。一般人很难做到，能谈谈吗？

A：我的确担任过两个973项目的首席科学家，算是创造了一个纪录。一个项目就够累了，何况两个？工作量是加倍的，而且一做20多年。我背负的责任和压力可想而知。每天我都提醒自己，我正在做的是一件何等重要的事情，不能有丝毫懈怠。我们定期总结，每十天半月，我在进行工作回顾的时候，都会发现自己好像又进步了一些，表达能力、思维能力都有提升。现在回想那个时候，正是我个人能力和对科学的认知突飞猛进的阶段。

不过我想强调的一点是，我不是一直在埋头苦干。每周我都会选一个时间，把办公室的灯关一两个小时，我一个人在很静谧的环境里闭上眼睛静坐，尽量放空脑袋。这种时候很容易睡着，但我会尽量控制自己不要完全睡着，保持一种半梦半醒的状态。这个时候我往往会想出一些新的方法。我觉得人的大脑是很奇怪的，它如果一切都按逻辑走，可能很难有创新，当我处于意识比较混沌的状态时，也许会有火花的碰撞。一直到现在，我以做管理工作为主了，仍然坚持这个习惯。每周找时间关了灯，自己想一下，想清楚之后开灯，把想法细化。我觉得这是个很好的方法，这里也推荐给年轻人。

Q：就科研来说，努力是一方面，但科研工作者也不能只是埋头做实验。您的多项发明始终走在国际科研前列，想请教您是如何保证自己的科研具有前瞻性、具有国际视野的呢？

A：这个问题提得非常好。具有前瞻性和国际视野，对我们做学术研究是非常重要的。以前主张看文献，国内交流，现在光这样做已经远远不够了。我们要走到更大的平台去，获得更广阔和更深层次的认知。如果同学们想在一个学科领域深入研究下去，我建议你们给自己树立一个目标——我要去国内在这个学科领域最好的大学、最好的研究所，然后争取到国外在这个学科领域最好的大学、最好的研究所去。

Q：专注科研的同时，您也教书、带博士生。教育理念方面，您的感悟是什么？

A：我当年在重庆师范学院，就教了好些年无机化学。进入电子科大，也承担了一些教学工作。我是把教书育人当作一项事业的。相对而言，我认为教书固然很重要，但育人更重要。我们在学校里学到的知识，如果工作中用不到，毕业几年后可能就忘掉很多，但是老师给予的人生引导和教诲，是伴随一生的。所以我觉得，年轻教师要秉承着"育人"的信念教书，就像当年川师的蔡老师、冯老师一样。

Q：您后来担任了电子科大的校长，更多的从事行政管理工作。作为一名大学校长，您的理念是什么？

A：我认为一个人最好的状态就是：干事业专注认真、勤奋努力，生活上随和。我现在在电子科大做校长（指 2017 年，2018 年起由曾勇担任电子科大校长），一般老师和学生都会怕校长嘛，但是我们学校的老师总结了一句话说："我们不怕你，只怕你找我们汇报工作。"因为他们如果工作没做好，我是会批评的，但是我日常对人是非常随和的，不爱端着一副架子，给别人一种冰冷的距离感。

我们都是平凡人、普通人，我们的人生意义到底是什么？用一位苏联作家的话讲，人生的意义就是因为你的存在，使人们的生活变得更加美好，而不是非要去干出一番多么惊天动地的大事情。作为小组长，我团结同学，鼓励大家上进；作为老师，我在认真负责、教书育人；作为校长，我鼓励教师们做学术研究，倡导学生快乐、健康地学习。让身边的人生活得更加美好，大家在学习、工作、生活中相处起来都很愉快，并且一起进步，那我的人生就是有意义的。

Q：对今天的年轻人，尤其是理工科学子，您有什么寄语？

A：我们国家从改革开放以来，发生了翻天覆地的变化。从我的角度，最大的变化就是工程科技的变化。如今我们的工程科技基本上和国外并立，局部开始领先，预计大概一二十年后，我们就能领跑世界。但这需要我们一代又一代人的努力。现在的科研工作者赶上了一个好时代，发展的舞台越来越大，国家需要的青年人才比我们那个时候多得多。我相信他们都能够实现自己的人生价值、人生理想，为祖国做出贡献！

（2017 年 5 月 19 日，四川师范大学）

爱系苍生

兼济天下

陈剑平：

让农民过上幸福生活，不再有留守儿童

人物小传

  陈剑平，1963 年生，浙江宁波人，植物病理学专家。1985 年毕业于浙江农业大学植物保护系，1995 年获英国邓迪大学植物病毒学博士学位。现任浙江省农业科学院研究员，农业部植物保护生物技术重点实验室主任，中国植物保护学会副理事长，中国植物病理学会副理事长，浙江省科学技术协会副主席。长期从事植物病毒基础和应用研究，先后承担国家杰出青年科学基金、欧盟、国家高新技术研究计划（863），国家重大基础科学研究计划（973）和国家转基因生物育种重大专项等 60 多个研究项目，在植物病毒种类鉴定、病毒与禾谷多黏菌介体关系、病毒致病和植物抗病分子机制、病害发生规律和防控技术、脱毒植物组织培养苗种产业化等方面取得重大进展。针对我国三农问题，创新提出了现代农业综合体作为区域现代农业发展创新载体的建设背景、科学内涵、理论基础、典型案例和建设机制综合解决方案，出版《现代农业综合体战略研究报告》，并在浙江等地探索实践，对我国现代农业发展和区域农业转型具有重要的实践价值和战略意义。2011 年当选为中国工程院院士，2012 年当选为发展中国家科学院院士。

一个"农"字，可以概括陈剑平院士半个多世纪的人生轨迹——生于农村，学的农业专业，毕业后进入农业科研机构，前半生致力于农业科技，后半生力图解决"三农问题"……这浓浓的"务农"情结，感染着每一位聆听陈院士教诲的年轻人。而他发下的"让农村不再有留守儿童"的宏愿，更是鞭策着新一代农业科研工作者不断努力，将我国建设为现代化农业国家。

初心：与农结缘，一辈子姓"农"

Q： 陈院士 1981 年考入浙大学的是植物保护专业，毕业后从事植物病理学，一直跟农业打交道。您的初心是什么？

A： 我一直说我在农村长大，上的是农业大学，学的是农业专业，30 多年来干的又是农业科研和农业科研管理，当选的也是中国工程院农业学部院士，所以我一辈子姓"农"。我的"三农情结"是与生俱来、切割不断的。而且很幸运的是，我见证了改革开放 40 年来，农村面貌的日新月异，希望更多有知识有文化的年轻人，能投身到祖国的农业事业中来。

Q： 所以您考浙大植物保护系是抱着振兴农村的理想的。那么在求学阶段，哪一位老师给您的帮助最大？

A： 浙大的老师水平都很高，也很认真负责。比如英语老师严惕非，他要求我们默写每一篇英语课文。因为他的严格要求，每次英语考试我都能考到 95 分以上，所以对英语产生了浓厚兴趣。那时候，我每次上英语课都很期待。英语好也让我在出国时获得很大优势，当其他人都在过语言关的时候，我已经可以轻松地与人沟通。物理老师董仁国知识渊博、富有创新性，可以自己组装黑白电视机，我们特别崇拜他。还有教普通昆虫学的王老师，他用粉笔在黑板上画昆虫，画得跟教材上的插图一模一样。王老师的板书也是，特别整齐，跟书法一样，上他的课简直就是一种艺术享受。这么复杂枯燥的昆虫课，被他一说，我们就很有兴趣了，我每次考试也都考得很好，并且毕业后想研究昆虫学。什么叫启蒙老师？我想，就是王老师这样的。

Q：那么从学生的角度，您当时是怎么学习的，能给今天的学子一点参考建议吗？

A：我是很有规划的，想得很明白。大学一年级学什么？学知识。二年级学什么？学方法。三年级学什么？学眼界。四年级学什么？学眼界和境界。如果你学到了眼界、学到了境界，就足够了，可以毕业了，如果说你缺少眼界和境界，那还有待提高。

当然我也知道，现在的孩子压力很大——写毕业论文、就业找工作，紧接着还面临找爱人、成家买房等各种各样的事情，想起来就头大。还要提升境界，谈何容易？但我觉得，非常重要的一条是要有正能量。有了正能量，你的德行就会变；德行变了，气场就会变；气场变了，运气就会变；运气变了，命运就会变。归根到底，我们读书人，尤其是身在浙大这样一所一流高校的读书人，应当有理想、有信念，对未来充满信心。

Q：今天的年轻人面临毕业、择业等压力，这些压力其实您当年也有，但您的选择耐人寻味。当时明明有更好的工作，您却主动去了农科院，干起了"农活"。为什么？

A：这里面有一个故事。大学四年，我经常写一些小文章在校刊上发表，这样就被学校宣传部的领导关注了，觉得我是个人才。所以毕业的时候，党委书记想把我留下来做党办秘书。我也愿意，因为留校是好事嘛，就这样差不多定下了。临毕业，师生之间、同学之间互相写临别赠言，我的恩师、著名昆虫学家唐觉教授，在我的笔记本上写了这么几个字："陈剑平同学学以致用，共勉之。"就是"学以致用"这四个字，触动了我。我属于唐先生比较喜欢的学生，他希望我学以致用。唐先生的话我一定要听的，所以就跟学校说，我还是想从事专业工作。学校也支持我，就这样，我被分配到了浙江省农业科学院（以下简称农科院）。

提点：人缘、专注和应变能力，缺一不可

Q：一进农科院您就参与了国家重点课题，应该说是很幸运的。据说这跟您"人缘好"不无关系？

A：事情是这样的，我发现同事们要到开水房打水，上班时拎着一个满热水瓶，下班时拎着空热水瓶，很麻烦。于是我主动承担起打开水的工作，每天骑着一辆三轮车，义务为同事打开水、搬热水瓶。也许是因此积累出的好人缘，不久，当时的农业部下达了一个重点研究课题，领导把我安排到这个课题组，跟随阮义理研究员开展植物病毒研究。如果我没有去做这样的小事，也许领导不会注意到我，也不会让我参加国家重点课题，那接下去可能就没有出国机会了。所以我的体会是，在工作中，与人为善、助人为乐很重要。但我要强调，我当时是发自内心想帮助同事，没有功利心。这很重要。如果你带着要求回报的心态做事，会坚持不了，开始抱怨的。

Q：您的这番提点，对初入职场的年轻人很有用。当然，您最终脱颖而出，凭借的还是勤奋和能力。听说在专业学习上，您是很拼命的？

A：算比较勤奋。我跟着阮义理老师研究植物病毒，但说实话，当时

中国的植物病毒学领域还比较落后，连文献资料都匮乏。于是我就想到了在浙大的外教老师，托他从英国剑桥大学的书店买了一本《应用植物病毒学》寄回国内。然后我就开始啃这本书，为了加深理解，还动手翻译。这当然都是在晚上进行的，白天还要上班。我通常在睡前喝一大杯水，这样半夜会爬起来上厕所，然后我就不睡了，挑灯夜战，边读边翻译。那段时间感觉自己的专业能力得到了很大提升，也攻克了一些难题，得到了院里的好评。

Q：这也是您被选中去英国做访问学者的契机？

A：可以这么说。那是 1989 年，我去英国的洛桑实验站做访问学者。这个实验站很重要。它始建于 1843 年，是世界上第一个农业研究所，有"现代农业科学发源地"之称。我在那里待了八个月，专心研究植物病毒学。时间有限，我抓紧每分每秒，几乎泡在了实验室里。为了搞清楚植物病毒与真菌介体的内在关系，我不分昼夜地观察真菌的超微切片。功夫不负有心人，观察到第 14 天的时候，我居然在真菌体内观察到类似病毒的结构。此后，我又观察了 10 000 多个真菌超微切片，并且从 100 多个真菌孢子体内发现了植物病毒。在 1990 年举行的第一届国际真菌传播植物病毒学术大会上，我的这项成果被认为是具有重要科学价值的发现，因为它曾经困扰了科学界 30 年之久。

Q：从这段经历中，可以总结出您的最大特点：专注、锲而不舍。搞科研就要有这种精神，是吗？

A：是的，不过我还要再提一个：敏锐。就是当遇到一个潜在课题的时候，你要有敏锐的判断力，能立刻捕捉到。1992 年我去英国丹迪大学攻读植物病毒学博士学位，在一次研究时，一株病毒症状十分严重的植株引起了我的注意。我想，这会不会是病毒遗传物质量发生变异或突变的结果？这个念头一闪而过，但被我抓住了，此后我改变了原定的主攻方向，把研究重点放在了病毒突变体上。果然，我取得了突破，首次在国际上提出了"缺失突变由复制酶工作错误导致的突变机理"。这项成果，让我获得了1992年"全国十大科技成就"的荣誉。如果不是注意到了那个病毒的特殊症状，并且立刻调整主攻方向，进行深入研究，是不可能有这样大的发现的。

Q：说到"全国十大科技成就"的荣誉，我们知道，当时浙江省给您的奖励也很特别，并且促使了您坚定了学成归国的决心。他们奖励了您什么？

A：奖了我一个实验室。说到这儿，我是非常感谢浙江省委、省政府的，他们高瞻远瞩啊。当时物质奖励成风，获得全国性荣誉的往往都是奖汽车、奖房子，但浙江省奖给了我一个实验室，让我回国后能在良好的科研环境下继续从事研究工作。所以1995年博士毕业后，我回到浙江省农科院。

Q：做决定前，英国导师曾多次挽留，您没动过心吗？

A：说实话，当时国外的科研条件比国内强，而且我的英国导师对科学有着精益求精、无私奉献的精神，使我受益终身。他也担心，以中国的科研条件，我回去后会不会被耽误。但我记住一句话："科学没有国界，但科学家有祖国。"所以即使导师再三挽留，我还是回国了。

轨迹：从"I"到"T"再到"G"

Q：回来后您在浙江省农科院组建了植物病毒实验室，开始带团队了。这对于您来说其实是很大的角色变化，对此，您有什么感想？

A：我对自己的人生轨迹有一个总结，就是从"I"到"T"的角色转换。"I"就是"我"，那么从1985年进浙江省农科院，到1995年组建实验室，这十年我致力于实现自我。那么当"I"粗壮了，就应该考虑"T"了。"T"是英文"团队"（Team）的第一个字母，是说组建实验室后，我要带好团队，聚集和培养更多的年轻人。"T"也可以理解成 T 形舞台，让你的学生、同事，在这个 T 型舞台上充分展现风采。十几年下来，我们的植物病毒实验室已经发展成部省共建植物有害生物防控培育基地、农业部植保生物技术重点实验室。我们在植物病毒缺失突变及其生物学特性研究、重要粮食作物病毒发生规律及预测预报、介体真菌土传病毒特性、抗源筛选及综合防治等方面做了大量原创性工作。可以说是科研成绩捷报频传吧，这让我很欣慰。

2011 年我当选了中国工程院院士，那么我的人生轨迹里又增加了一个"G"，就是英文"目标"（Goal）的第一个字母，即国家战略目标。中国工程院是国家的科技思想库，要求院士不仅是战术科学家，也要成为战略科学家，这是我最近几年一直在努力的目标。

Q：从事科研那么多年，什么样的科研成果让您最开心？

A：搞科研的通常会说，研究出一个结果，写好论文、发表甚至获奖，会非常开心。当然我也不能免俗。但是我感受到自己最开心的科研成果，是获得农民的微笑。这种经历太多了，随便举个例子。好多年前，我的研究成果在浙江丽水推广，让农民有了比较好的收成。我们去考察的时候，当地有一家农户，老头老太两口子，从塑料大棚里剪了好几盆葡萄招待我们，而且专挑个儿大的剪。快要走的时候，老爷子拉住我说等一等，他跑回家拿了一只箫，说"我吹一首曲子给你听，表示感谢"。他就吹了一首《走进新时代》。这是农民对一个农业科技工作者最高的奖赏，我是真开心，比获奖还开心。

Q：听得出您对农民、对农业的深厚感情，后来您还"跨界"，就"三农问题"提出方案。

　　A：这有个契机。我因为忙于工作，对小孩照顾不够，心里很愧疚，所以每次出差，看到小孩总要同他们交流。2011 年冬我去浙江淳安，在一户农民家里看到个小女孩，跟我女儿一般大，正在做作业。我就觉得很亲切，跟她聊聊天。她告诉我，自己最希望山核桃成熟。我随口问道："你喜欢吃山核桃呀？"她说不是的，是山核桃成熟，爸爸妈妈就会回家了。哦，我明白了，她是留守儿童。我当时眼泪都快掉下来了。中国有 3.7 亿农民在外打工，有 6 000 万留守儿童。其实谁愿意背井离乡、远离子女？还不是因为家乡太穷了！所以我想除了做专业，还得思考能不能让农民能在家里体面地工作。

　　基于这样一种思考，我就研究出"农业综合体"这样的方案。但我是一介书生，能做什么？必须请企业参与。我非常（有）运气，碰到了绿城集团的宋卫平先生。我跟他讲了这个方案，他很感兴趣，就在浙江嵊州做了一个"田园综合体"，我们的目标是建 100 个特色农镇，辐射带动全国 1 万个村庄，来解决几亿农民的生产及生活。所以我的后半生就干两件事，一是植物病毒，这是自己的专业，学以致用，坚持到底。第二件事情就是做基于农业综合体的特色农村建设，我负责产业问题、设计问题，让农民能过上幸福生活，不再有留守儿童。我就是这个心愿。

　　Q：您的宏愿饱含着对国家、对农民的深情。在您努力的过程中，也少不了要吸引人才，那么最后，您对年轻的农业科研工作者，有什么寄语吗？

　　A：我想说，第三次绿色革命已经开始了，核心是分子设计育种技术，主力就是年轻人。你们要抓住机遇，中国农业的未来全靠你们了！

（2017 年 5 月 13 日，浙江大学）

谢立信：

推动中国的眼科事业，是我义不容辞的责任

人物小传

　　谢立信，1942 年生，山东莱州人，眼科学专家，我国角膜病专业的领军者和白内障超声乳化手术的开创者。1965 年毕业于山东医学院，1987—1988 年赴美国路易斯安那州立大学眼科中心从事角膜病研究，1991 年在青岛创建山东省眼科研究所。现任山东省眼科研究所名誉所长、青岛眼科医院院长，亚太角膜病学会名誉主席、中华医学会眼科学分会荣誉主任委员。获国家科技进步奖二等奖 3 项、山东省科技进步奖一等奖 4 项和山东省科学技术最高奖 1 项。2001 年当选为中国工程院院士。

人们爱说"眼睛是心灵的窗户"，那么谢立信院士就是窗户的修理师和清洁师。作为我国顶尖级的眼科专家，谢院士行医数十年，让无数患者的"窗户"重新变得明亮和透彻起来。而他抱负远大，医德高尚，专业技能卓越，足以成为青年学子的人生榜样。

习惯：学习是我每天都要做的事情

Q： 谢院士离开青岛第九中学（简称九中）已经有半个多世纪了吧，今天重回母校，是怎样的一种心情？

A： 对我来说就是回家。三四天前，当我得知有机会回到青岛九中，和年轻的学弟学妹面对面交流，我非常激动，这几天晚上睡觉都受了影响，因为太激动，迟迟无法入睡。我的心情就像逢年过节，在繁忙的工作中得以喘息，回家看望爸爸妈妈。回母校的路上，我的思绪也被拉回到几十年前。1954 到 1960 年这 6 年间，我在青岛九中学习和生活，我有太多的回忆、太多的感慨。所以我非常期待和学弟学妹进行交流。

Q： 离开九中的时候，您还是十几岁的少年，现在则已经是年逾古稀的老人了。会觉得跟年轻人之间存在"代沟"吗？

A： 实际上这么多年，我一直在跟年轻人打交道。我带的博士研究生，已经毕业了 103 个，现在身边还有 11 个。我喜欢和年轻人打交道，和他们在一起我感觉自己的心态也会变年轻。从他们身上我看到了许多新的思维模式，学到很多新鲜的事物，所以我想，今天与九中的学弟学妹们的交流也会非常愉快。

Q：您的心态真年轻！相信您的人生经历对今天的学子也会深有启发。下面，我们就谈谈您在青岛九中的学习经历。您是怎么跟九中结缘的？

A：我小时候住在一个胡同大院里，院里面有个小孩儿，我们一起长大，都读广州路小学，但他比我高一级。1953年他考上了青岛十一中，成了中学生。我就暗自想，我一定要考一个更好的中学，比他厉害。那时候想考好学校，只能通过自己努力，不像今天，家长、亲戚都会帮忙，很早就开始规划了。所以我就努力学习，很幸运，1954年考到了青岛九中初中部。

但是进了初中部，不等于就能进高中部。那时候高中部只有四个班，每个班招40人，而初中部每个班都超过40人，况且高中部面向全青岛招生，所以学习压力仍然很大。我的同学有的考七中，有的考四中，他们也劝我，我说不行，我非得上九中。但我没有什么家庭背景，父亲是粮食局普通职工，母亲是家庭妇女，所以我只能靠刻苦学习，才能实现这个理想。

Q：据说放榜那天您早早就去看了？

A：对，那时候公布录取结果是通过放榜的方式，把考上的学生的名字，写在一张红纸上，张贴出来。那天红榜是贴在城阳路对面火烧店铺旁边的墙上，我早早就去那里等着了。但是我不敢从头看，就从后面开始倒着看。找到我名字的时候，我太激动了！马上在火烧店买了两个火烧、两根油条，火烧夹着油条，厚厚的，就像现在一个大三明治一样，我狠狠咬下一口，吃得特别开心。现在回想起来，依旧觉得很幸福。因为这个来之不易的学习机会，我进入高中以后也非常用功地学习。久而久之，学习也成为我每天必须要做的事情。现在，我还每天坚持要做研究。我告诉自己，到了80岁我可以适当地休息，在那之前，我都要坚持学习。

Q：高中部的学习氛围怎样？听说有一件事，对您产生了很大影响？

A：对，有一次课间，我在运动场上踢足球踢得很尽兴，直到上课铃声敲响，才抱起足球满头大汗奔向教室，连背心都没来得及穿。到教室后，还没坐到位置上，就被语文老师叫上台默写一首诗。我都没背过，更别说默写了，站在台上很是尴尬。不过，语文老师并没有批评我，而是语重心长地说："你的身份是学生，去活动可以，同时也要完成学习任务。"从老师的教诲中，我懂得了"什么时间应该做什么事"的道理，之后一直在实际中践行。从那以后我晚上开夜车是常事，一本高考习题集我很快就背下来了。

Q：合理分配时间，这是今天的学子也需要掌握的。后来高考填志愿，您想报考北京电影学院？

A：正式填报高考志愿前，学校先来摸底，我把北京电影学院导演系专业填在了第一志愿。因为当时上学、放学每天都经过青岛电影院，看了印度电影《流浪者》，很震撼，感觉当导演挺好的。我的班主任是教数学的，他把我叫到办公室说："你数理化那么好，不填理工科院校可惜了啊！"我回家以后仔细想了想，确实，我不能因为一时激动而去选电影学院。

正式填报志愿的时候，填了山东医科大学化学系。化学系非常难考，一共只招 28 个学生。我没有请任何辅导老师，每天晚上都熬夜学习到很晚。考试当天，我提前 40 分钟答完试卷，检查完之后还剩下一些时间，我用尺子把试卷上的等号都画到一样长，最后交了卷。我的成绩是 98 分，我到现在都还疑惑，我那两分究竟是哪里错了？

信念：国家需要，就是个人发展的需要

Q：您考的是化学系，那后来怎么成为眼科医生的？

A：大学上了一年，学校进行院系调整，化学系被取消了。我有两个选择：调去山东大学或者山东师范大学的化学系，或者改学医。我不想

离开，而且经过一年的观察和了解，对学医也产生了兴趣，于是我重新回到大一攻读医学。毕业后，我被分配到了潍坊医学院妇产科，成了妇产科唯一的男医生。因为妇产科的许多疾病与眼科有关，遇到一些交叉病例要请眼科会诊，为了方便工作，科里决定派我去眼科学习相关知识。后来眼科主任通过院里并与妇产科协商，把我正式调入眼科。我从此成了一名眼科大夫。

Q：从高中改志愿到大学改专业，再到工作后从妇产科改成眼科，您经历过好几次事业转换和角色转换，有的还是被动的。但无论在什么岗位上，您都兢兢业业，做出了贡献。我想年轻人都很好奇，是什么支撑着您？

A：我们这一代人的信念就是，国家的需要、单位的需要，就是事业的需要、个人发展的需要。所以再艰苦的环境也难不倒我。1975 年，潍坊医学院成立附属医院，并决定创办附属医院眼科，我和一名建设兵团的炊事班长、一名临时从基础教研室转来的医生，开始了建设眼科的道路。当时的基础设施只有一个手电筒、一台眼底镜、一张视力表，有时候一天都接诊不了一个病人。怎么办？我暗自下决心要用技术赢得病人、赢得眼科的明天。

我选择了患者比较多、设备要求相对低的角膜移植作为眼科研究的突破口。白天在医院上临床，晚上就去实验室做实验。1978 年，我为三位农民患者做了角膜移植手术，获得成功。这个消息不胫而走，从此，患者蜂拥而至，再也不是当年冷清的情况了。

我没有停下脚步，1981 年，我研制出了"人脐带血清角膜活性保存液"，效果达到国际通用产品的水平，但价格仅为进口的五分之一。我把研究成果写成论文，发表在《中华眼科》杂志上。这是我发表的第一篇眼科论文。

Q：也就是说，去美国深造前，您已经有一定的造诣了？

A：这可能也是我被选中去美国深造的原因吧。当然，这个过程也是不容易的。1983 年，美国的一支眼科手术队到潍坊教人工晶体植入手术，我发现跟国外专家交流的时候最大障碍是语言，因为以前我学的是俄语，37 岁才开始接触英语。为此，我参加了潍坊医学院首批英语扫盲班。1985 年，我到山东师范大学外语系进修了半年英语。班里很多同学的父母年纪都比我小，但他们的基础都比我强。记得第一堂课，我就听懂了一个单词 church（教堂），老师讲了很多与教堂有关的东西，但其他单词我都没听懂。为了跟上进度，我加倍努力学习，好像又回到了冲刺中考、高考的时候，每一天都付出比别人更多的努力。

1985 年底，我顺利通过审核，前往美国开始博士后研究工作。两年之后，我得到了美国国家防盲研究会的防盲奖学金，揣着 400 美元到了美国路易斯安那州立大学眼科中心从事博士后研究。我的老师是世界角膜病权威卡夫曼教授，我成了他的第一个中国学生。进校之后，我拼命地学，几乎放弃了所有的休息时间，学习各种先进的技术。一年半的时间，我发表了 5 篇论文，其中两篇被推选到世界视觉和眼科年会上交流。

医德：决不允许患者因交不起费用而耽误治疗

Q：其实您是有机会留在美国的，但选择了回国。那可是 1988 年，很多人走都来不及，您却毅然回归。当时想的是什么？

A：到了美国之后，我清楚地认识到，中国在眼科领域，同西方先进国家有很大差距。当时，美国医生在显微镜下做白内障手术，国内都不具备这个条件。给我的感觉是，外国人用"洋枪洋炮"，中国人却是"光着膀子拿大刀长矛"。这根刺在我内心扎得很深很疼。我当时就暗下决心，学成后一定要回去，报效祖国，发展中国的眼科事业。当我想带着最先进的技术和设备回国的时候，导师卡夫曼出面挽留我，但是我还是回到了祖国、回到了青岛。推动中国的眼科事业发展，是我义不容辞的责任。

Q：我们都在说爱国主义，而您是把爱国主义真正落实到了行动上，非常动人！那么留学那两年，除了专业上，对您最大的提升是什么？

A：观念的改变。在美国的两年学习，我深刻意识到中国眼科科研落后的"死穴"所在——临床医生多，不重视搞研究，实验室缺乏资金。所以我回来后，把医院和实验室组建在一起，用医院赚的钱来补贴实验室。这是一项新举措。很幸运，我们得到了山东省政府的大力支持。1991 年我们在青岛成立了山东眼科研究所，1993 年眼科所临床部经上级批准成立为青岛眼科医院，与眼科所是一套班子两块牌子。这对科研产生了很好的推动作用。

Q：2004 年，您又创立了山东省眼科医院。当时您已 60 多岁了，而且已经功成名就，不想休息休息吗？

A：没想过，可能我这一辈子都在忙，停不下来了吧。山东省眼科医院是在各级领导的支持下，在济南创建的。刚开始，我每周有三四天往返于青岛、济南两地。通常是早上 5 点钟出门，9 点在济南看门诊，下午结束在济南的手术，晚上再返回 400 公里外的青岛，因为第二天青岛还有十余台手术等着我。我坚持了整整六年。我女儿打电话劝我，你都快 70 的人了，干吗还这么拼命？我回答，我的职业就是做下去，这是我的使命。

Q：您不仅专业能力超群，道德情操也很高尚，在患者那儿您的医德是有口皆碑的。能谈一谈吗？

A：从创建眼科所那一天起，我就立誓要把眼科医院建设成一所老百姓的医院，让患者感受到关爱和温暖。我在医院立下一条规矩：对患者不论贵贱亲疏，都要一视同仁，决不允许因交不起费用而耽误治疗的事情发生。我经常给干部职工讲，前来看病的老百姓有的是卖了口粮来的，我们一定要想到他们的难处，为他们解决实际困难。为了减轻病人负担，我接诊的病人都是最大程度地缩短住院时间，用药时可用可不用的不用，可用国产药的不用进口药，能用低价药的不用高价药。

Q：毋庸讳言，今天的医患关系比较紧张。这也让一些有志于学医的年轻学子，打起了退堂鼓。对此，您有什么话想对他们说吗？

A：俗话说"医者仁心"，医患关系很大程度上取决于医生。对医生而言，只是看一次门诊做一例手术，对患者来说，却关系到一生。我的患者大多是老人和孩子，许多人从全国各地赶来，有的只剩下一只眼睛，他们把所有的希望都寄托在医生身上。所以，不管你对手术的把握有多大，都必须小心谨慎，从心理上一定要认真对待每一例手术。有人说我"觉悟高"，我觉得这是一个医生起码的职业道德，工作就应该这样做。

Q：您说得非常好，对年轻人也很实用。最后一个问题，您一开始就说，自己是一位老师，培养了很多博士生。那么您认为，作为老师，最可贵的品质是什么？

A：这个问题问得非常好，我觉得所有老师都应该思考过这个问题。我认为老师应该明白一件事情，那就是你在学校里面，服务的对象究竟是谁？医生的服务对象是患者，那么老师的服务对象就是学生。不管是校长还是老师，所做的工作，都得是为了学生。清楚这个定位以后，作为老师，首先要做到的就是"课好"，要努力站在知识的最前沿最高端，保持学习的习惯。老师得有真学问，学生才会尊重你、信服你。并且我认为，老师对学生的身教胜过言教，不仅要严格要求学生，同时也要有情感的沟通，真正做到关心学生的学习、生活和思想。

（2017 年 6 月 28 日，青岛第九中学）

吴以岭：
治病救人是无比神圣的事情

人物小传

　　吴以岭，1949年生，河北故城县人，中医心血管病专家、中医络病学学科创立者和学科带头人。1982年毕业于南京中医药大学，获医学硕士学位。现任河北省中西医结合医药研究院院长、国家心血管病中心专家委员会副主任委员、络病研究与创新中药国家重点实验室主任、国家中医药管理局络病重点研究室主任、中国中西医结合学会副会长、中华中医药学会副会长、中华中医药学会络病分会主任委员、中国中西医结合血管脉络病专委会主任委员、世界中医药学会联合会络病专委会会长。首次形成"络病证治"理论体系和"脉络学说"，创立中医络病学新学科，以络病理论为指导开辟心血管疾病治疗新途径，研发治疗心脑血管病的通心络胶囊、心律失常的参松养心胶囊、慢性心力衰竭的芪苈强心胶囊等国家专利新药，经临床循证医学评价证实疗效确切。以第一完成人获国家科技发明奖二等奖1项、国家科技进步奖二等奖3项、省部级一等奖5项及何梁何利奖。主编《络病学》《脉络论》等专著。2009年当选为中国工程院院士。

俗话说"医者仁心"，这在吴以岭院士身上体现得淋漓尽致。作为少数几位名列中国工程院院士的医生之一，作为创业有成且有"A股最富院士"之称的"大中医"，我们从吴院士的言行举止中，感受到的是他对祖国中医事业的热爱，对患者发自肺腑的关注与关怀。治病救人，是他学医的初心，也是他创业的初心；而保持初心，则是吴院士不断攀上人生高峰，成为年轻人楷模的要素。

感恩：感激母校，感激老师的栽培

Q：吴院士出生于中医世家，从小受到家庭的熏陶，所以学中医也是您从小立下的志愿吗？

A：我的确出生于中医世家，我父亲是一个对待医学态度特别认真的人。看着他给病人看病，每次病人好转或是痊愈，他比病人还高兴。受他影响，从 5 岁开始我就能背方子、辨草药，13 岁已经能够辨别 200 多种中草药了。不过上中学的时候我是想考物理，将来搞科研的。但是 1966 年"文化大革命"爆发，正在上高一的我陡然丧失了学习的机会。怎么办呢？我找到父亲，拿到了一箱子医书，开始自学。1970 年，我已经能够背诵出《伤寒论》《濒湖脉学》等中医经典著作了，去到一个乡镇卫生院开始行医，在当地算是小有名气。

1977 年恢复高考，我盼望已久的机会终于来了。当时我离校已经十年，离校的时候刚学完高一数学的二次函数，三角函数、解析几何没有学，有机化学没有学。为了高考，我得在一个月里把所有数理化知识自学完成。这是很大的挑战，但我必须全力以赴。很幸运，我考得还不错，进入了河北新医大学（河北医科大学前身）中医系，正式开始了中医的系统性学习。

Q：原来您从事中医前有这样一段故事！那您是恢复高考后的第一届大学生了，当时的学习氛围非常浓厚，听说您两年不到就学完了大学全部课程？

A：准确地说是一年零三个月。因为大家都是荒废十年学业，突然重新有了学习的机会，所以同学的学习热情都非常高涨，老师教课也教得非常高兴。那时候我喜欢到外语教研室自习，那里是彻夜亮灯的。我每天晚上看书到凌晨三点，然后回宿舍睡觉，早晨六点起来上课。就这样在不知不觉中，把大学五年里需要阅读的中医学书籍都看完了。那时候我们还要考外语。我学的是日语，日语老师每天下午都让我去他的教研室，给我补课，三个月时间，我学完了大学日语全部内容。每每回忆起这段经历，我心里都特别温暖，充满感激。我感激母校，感激老师对我的栽培。如果没有进入河北新医大学，也不会有今天的我。

Q：看来，老师对学生的影响真的很重要。您考研究生也是老师"逼"的？

A：是的，我因为有十年的学医经历，所以专业学习相对比较轻松，老师教的课我都背过许多了。后来，老师给我定了一个新的目标——考研究生。我当时不知道研究生是什么，也不准备去考，结果有一次学校召集所有同学和教职员工开大会，散场的时候门口有个很显眼的黑板报，上面写了一篇文章，题目是《勇于攀登科学高峰的人》，说一年级吴以岭等同学要报考研究生。我说谁写的啊，我要擦掉。有人说是老师写的，那我不敢擦了。这样一来全校都知道了，没办法，我就报名吧。当时第二天报名就截止了，所以我当天就去报了名。老师用激将法，激励我去上研究生。

别的老师对于我考研究生也非常支持，做中药研究的陈老师还把他办公室的钥匙给了我一把，说"如果你晚上要学习，就到我办公室来，有很多书可以随时查阅"。在老师们的帮助下，1979 年，我考取了南京中医院心血管与糖尿病的硕士。

返乡：我有责任为家乡做一点事

Q：您对络病学的研究，就是在研究生阶段开始的？

A：是的，我 1979 年读研究生，因为机缘巧合，开始围绕络病做研究，到现在（指 2017 年）快 40 年了。说起来，还是得感谢我的导师。导师给我的硕士论文题目是活血化瘀，这在当时是很时髦的。我在研究过程中发现，有许多药物的临床疗效非常特殊，但又不属于活血化瘀药，这到底是什么药呢？后来查文献才知道，这是通络的药、治疗络病的药，由此引起了我极大的兴趣。在完成硕士课题的同时，我专门收集络病的研究资料。当时没有复印机，都是一边查文献、一边做卡片，我做了 6 000 张卡片，整整一大箱子。

在文献当中我看到，清代有两个知名的中医学家。一个是喻嘉言，他说络脉在理论研究上始终是一片空白。一个是叶天士，他说"医家不识络病，则愈究愈穷矣"，意思是作为一个中医医生，你不知道络病的治疗方法，临床疗效是无法提高的。他们的话使我意识到，络病的研究是我国中医留给当代医学的重大课题，也是我一生努力的方向。

Q：所以研究生毕业后您申请回家乡河北，因为河北有着悠久的中医传统？

A：这是一方面原因，河北的中医在历史上确实举足轻重。中医八大流派，河北独占两派；著名的金元四大家，河北占两家。但是 20 世纪 80

年代，河北中医已经落后了。作为河北人，我感到有责任回到家乡，为中医学做一点事。所以 1982 年，我要求学校帮我联系河北的学校。这样我就来到河北省中医院，一边做临床，一边研究络病理论和心血管病的治疗。

Q：您这是把个人事业的发展，同推动家乡进步，结合在一起了吧？

A：我觉得这也是我这代人的一种自觉吧。北宋名臣范仲淹说："不为良相，便为良医。"良相和良医都是要"济世"的，也就是个人功业，要同造福社会连接起来。这可以说是我的初心吧。

Q：但具体做起来也是很波折的，听说您当时是借钱搞科研？

A：有这事。当时研发通心络胶囊，需要 6 万块科研经费，但我工资才 60 块钱，我就找别人借了 6 万。之后拆东墙补西墙，借钱还账，再借新钱搞科研。最后研究成功，通心络胶囊被列入国家新药基金资助项目，是国家资助的第一个治疗冠心病的中成药，2000 年还获得了国家科技进步二等奖。现在这个药一年产值十几亿，许多人都用到它，包括国内的一批知名专家。

Q：您说得很云淡风轻，其实换了其他人，可能在开始阶段就打退堂鼓了，哪有借钱搞科研的！所以让您坚持下去的理由是什么？

A：很简单，我认为通心络胶囊对冠心病病人非常有价值，所以借钱也要把这件事情做下去。我讲个故事你就明白了。有一位老大爷，有着 20 多年的冠心病病史，一直治不好，整个人很难受，我看着更难受。为了缓解他的病痛，我翻阅了 100 多本中医典籍，终于找到突破口。

在征得老大爷同意后，我在他的药方里加入了全蝎、蜈蚣等虫类药，结果，老大爷的冠心病奇迹般的好转了。他很高兴，我更高兴。我就根据这次经验，用 5 种虫类药——全蝎、蜈蚣、蝉蜕、土鳖虫、水蛭，组成一个药方。当时我管它叫"五虫丹"，其实就是后来的通心络胶囊。我把这个方子开给冠心病人，效果都特别好。这让我对这个药方的疗效越来越有信心，所以我一直在做这项科研，一直坚持下来。因为我知道一定能成。

Q：从技术上讲，最难的地方在哪里？

A：五种虫类（药）都要碾碎，不是一般的碎，而是要碎得像棉花那样。这个怎么弄呢？我们摸索出了一套方法，是先用火烤一烤，再碾。

Q：通心络胶囊刚出来的时候业内有一些争议，特别是以蜈蚣、全蝎入药，似乎有点反主流。您是如何对待争论的呢？

A：有争议很正常，科学研究怎么可能没有争议呢？重要的是分析，为什么会有争论、争论的点在哪里。我分析下来认为，主要是因为研究"络病"这个中医学概念的人很少，当这个药出来的时候，确实有些人不理解。

好在通过这么多年的研究，不仅许多国内专家认同了，国际医学界也在关注，改变了国外一些专家过去对中医不了解的一个现状。科学就是这样，用事实说话嘛！北京阜外医院的杨跃进院长把这个药用于急性心梗的治疗，临床疗效提高了 20 个百分点。

建议：学医要耐得住寂寞，先打好基础

Q：1992 年，您辞去工作，创立了以岭药业。当时您已经 43 岁了，而且事业有成，完全可以过上衣食无忧的生活。为什么还选择创业？

A：我为什么从临床走到产业化？因为我算过一笔账，假如做一个中医临床医生，一周看 250 个病人，一个月看 1 000 个，一年看 1 万多个。你 30 多岁开始工作，看到 60 岁退休，就算每天什么都不干，只看病，最终能看 30 万个病人。但是如果做成一个广行于世的药，它的社会价值有多大？通心络胶囊，一年十几亿销售额，每年用这个药的人大概有 1 000

万人，在更大范围内救助了需要治疗的病人。所以我坚信，创新成果应当产业化。

Q：所以创业还是为了普惠众生。创业之初的条件怎么样？

A：一句话可以概括：一辆自行车，几间平房，三五个人。

Q：当时有个香港富商想投资，您拒绝了。这是怎么回事？

A：那是 1992 年我出来（辞职）以后几个月，一个香港富商找到我，要我到香港去建研究所。他说先给你 100 万存到账户上，然后在香港建个研究所，你占百分之几十的股份，然后我研究的药和他联合拥有专利权。但是我拒绝了。

原因有两个：第一个，我们的高新技术产业开发区给科技人员提供了很好的发展环境，我没必要去香港。第二，我抱的信念一直是为中医药事业做一份工作，添一砖添一瓦，而且跟着我来做的有十几个人，他们都辞去了各自的工作，我搬到香港去，这些人怎么办？不行。

Q：看来作为企业家您也秉持着医德，就是要对人负责。责任感一直是您身上显著的品德，2003 年"非典"，您也感到有自己的一份责任，能回忆一下当时的情况吗？

A：2003 年，广州突然爆发了非典型肺炎，病人早期短暂的恶寒，很快进入高热，第一天肺部仅仅是个小的阴影，第二天整个肺实变了，最终呼吸衰竭而死亡。在这种情况下，我感到应当尽我所能帮助国家控制疫情，这是作为一名中医义不容辞的责任。于是我请了一位中医专家，把发病的过程、特点进行描述，然后我们制定了一个相关的治疗策略和相关的处方，也就是连花清瘟胶囊。我们吸收了两千年中医和这类疾病做斗争的经验，把它集合到这一个处方中。河北省特批为院内制剂，全省流通做疫情的防控。

Q：如果让您把院士、医生、博导、企业家这四个身份做一个排序，您最看重的是哪个呢？

A：医生。在我心中，治病救人是一件无比神圣的事情，是我的天职。我的门诊预约了全国各地的病人，我去外地开会，一定会保证在周二之前赶回来，因为有好多病人等我诊治。再没有比重病患者通过我的治疗病情好转，更令我高兴的事了。昨天有一个湖南的病人来复诊，他患有扩张性心肌病，心力衰竭。上个月来的时候病情很重，我马上安排他住院，好转一些之后带着我开的药回湖南，吃完了再来复诊。昨天我给他做检查，他的心脏功能改善了很多，病人很高兴，我也很高兴。我们搞医学的，就是要秉承着一颗治病救人的心，事事把患者的安康放在第一位。

Q：这是对"医者仁心"最生动的诠释！那么从您数十年的从医经验出发，能给今天的医学生提一点建议吗，他们当下最应该注重的是什么？

A：我认为医学院校的学生，最重要的是打基础。医学和其他学科不太一样，假如你考临床医学，还得从生理到病理、内外妇儿方面的学科知识打下一个好的基础，然后再走到下一步。我做产业、药品，还得依靠基础理论研究；我写书，也是依靠基础理论研究。你基础打得越牢固，将来的建树就越高。所以学医学的同学们，得耐得住寂寞，先打好基础。

（2017 年 9 月 20 日，河北医科大学）

持之以恒

精益求精

张宗烨：
只要有不放弃的信念，困难都可以克服

人物小传

　　张宗烨，1935 年生，浙江杭州人，核理论物理学家。1956 年毕业于北京大学物理系，现任中国科学院高能物理研究所研究员。与合作者提出原子核相干结构及相干对涨落模型理论，成功地解释了 16O 原子附近原子核低激发态的主要特性。1976 年从理论上预言在超核中存在超对称态，1980 年被国外实验所验证。20 世纪 80 年代以来，对核力的夸克模型理论做了系统研究，从单胶子交换导出了产生正反夸克对的传递势，得到合理的核子-介子顶角函数，为从夸克层次认识核力的介子交换机制提供了一个途径；提出误差函数形式的夸克禁闭势，解决了色范德瓦尔斯力的不合理长尾巴问题；提出手征 SU（3）夸克模型，成功地统一描述了核子-核子散射相移及超子-核子散射截面，并预言了浇是一个深度束缚的双重子态。1999 年当选为中国科学院院士。

　　知性、儒雅、低调，无论从什么角度看，张宗烨院士都是标准的知识女性。而且，作为一位女性科研工作者，她 60 多年的科研生涯，也能带给人不一样的启示。尤其值得一提的是，张院士曾经在"中国氢弹之父"于敏先生的亲自指导下工作过十年。她对于老的大家风范和为人处世，有着深入的体会和了解。从张院士身上，我们能感受到老一辈科研工作者那素朴而永恒的初心。

感念：院士给我们上课，每堂课都获益匪浅

　　Q：关工委主办的"院士回母校"活动，得到了张院士的积极支持，您本人也对母校北京大学怀有深厚的感情。您就是在燕园出生的？

　　A：是的，我 1935 年出生在燕园，当时还属于燕京大学，而我父亲张东荪是燕京大学教授。所以我幼儿园、小学、中学都是在这里念的，只有抗战期间，日本人占领了燕大，才离开了一段时间。所以我对这个地方真的是有感情，每次来北大，就有一种回家的感觉。

　　Q：1952 年您考入北大物理系，我们很好奇，您是怎么跟物理结缘的？

　　A：这个说来话长。我初中其实不喜欢学习，到处玩，高中进了贝满女中（现北京第 166 中学）以后，才觉得应该收收心念书了。幸运的是，贝满女中的老师特别好，为我提供了良好的学习环境。我的成绩就渐渐跟上来了。高三的时候，我们的物理老师孙连台是特级教师，擅长启发式教学，让我对物理产生了浓厚兴趣。孙老师见状，每个周日上午骑车到学

校，为我和另一名同学开小灶。他给我们讲解大学的普通物理，还有很多科学家的故事，一个又一个的。孙老师完全是义务的，我们连一顿饭都没请他吃过，所以我一直很感激他。受孙老师影响，我就决定报考北大物理系了。

Q：从您的经历中可以看到，一位好老师对年轻人是多么重要。接下来，您能谈谈您在北京大学的学习和生活吗？

A：我进北大的时候正好全国高等学校院系大调整，1952年是第一年，燕京大学、北京大学、清华大学的物理系都放到了北大，所以北大物理系的阵容是非常强的，等于三个大学的优秀教师集中到一起。当时教我们普通物理的是王昆老师，教热力学的是王如曦老师，教统计物理的是胡宁老师，还有周光召老师教电动力学、杨立明老师教量子力学……这些老师都是院士，来给我们上基础课，所以当时的课程内容是非常丰富的，每堂课我都获益匪浅。总之，我在北大受到的是非常好的教育，让我感念至深。

Q：大师教本科生、上基础课，对于年轻人的成长有着不可替代的作用。这一点，对于今天的高等教育，也有借鉴作用。那么毕业后您进了中国科学院原子能研究所，这是什么样的机缘呢？

A：我们当时是可以填志愿的，但要服从国家分配。刚好1956年，党中央发出了"向科学进军"的号召，那么就有一大批北大毕业生响应号召，要求去中科院，结果如愿以偿。我很幸运的是其中之一，分配到了中科院近代物理研究所，后来改名为原子能研究所。地方有点偏，在房山那边，但是我们也无怨无悔，都搬了过去。就这样，从1956年大学毕业到今年（2017年），我在所里干了61年，除了当中有几年去中国科技大学教原子核物理，基本没动过。

受益：于敏先生认识和分析问题的能力培养了我

Q：您一进研究所，就在我国"氢弹之父"于敏先生手下工作，应该说是非常幸运的。不过第一次见面，您就被于敏先生问住了？

A：有这事。当时我觉得自己是从北大出来的，学得也挺好的，到研究所工作应该没什么太大问题。没想到被于先生问得一愣一愣的。为什么会这样呢？因为我之前看教科书、看文献，把书上的公式给推导出来就好了，现实中如何操作，我是不太清楚的，所以被于先生问住了。于先生就语重心长地跟我讲，今后要想好好工作，光会推导公式是不够的，还要知道公式背后的道理、公式的适用范围。而这些东西在书本上是学不到的，只有在研究工作里头才能学到。

Q：于敏先生当时是怎么培养你们的？

A：刚进所时于先生就布置我们这些新人，读布莱克特（Blatt）与韦斯科夫（Weisskopf）合著的《原子核理论》，非常厚的一本书。于先生要求我们每读完一章，就要做读书报告，每个人轮流讲，他在一旁指导。于先生的要求是非常严格的，经常批评我们的报告照本宣科，抓不住重点、不够深刻。他总会提出一些意想不到的问题来考问，弄得我们紧张得很，都害怕轮到自己做报告，因为被于先生问得张口结舌，当众下不来台，很尴尬。可是过了一段时间，我们特别希望有这样的汇报和讨论机会，因为每次都有很大收获。经于先生的指点，文献上的公式不再仅仅是数学表达式了，它的各项之间的联系变成了一幅描述物理过程的生动图像。这样不仅很容易记住，对于正确使用和推广也起到了关键作用。于先生就是这样引导我们学会看透公式背后的物理实质。

Q：您在于敏先生手下干了十年，在科研方面，他哪一种能力对您影响最深？

A：认识问题的深刻性和分析问题的能力。在平常的工作当中，我注意到于先生很少记笔记，即使记一些东西，也只是写下一些扼要的内容。可是在讨论中，不论对公式还是对数值，他都记忆得十分清楚，尤其是它们的特点绝对不会记错。这充分显示了他对问题认识得十分深刻。相应地，他分析问题的能力也就非常强。每每我们听完学术报告，都很想再听听于先生的分析，而他的分析总是比报告人讲得还深刻。大家都说这个本事谁也学不到。我受于先生指导十年，多少学会了一点怎么从复杂现象里头剥离出主要的物理因素。虽然不多，但对我来说已经受益一辈子了。

Q：于先生对您的生活和境遇也非常关心？

A：是的，于先生不仅是良师，也是益友，非常关心我们。有件事令我十分感动，永生不能忘怀。由于我的家庭社会关系复杂，而于先生又从事国防科研工作，所以"文革"开始后，我因为担心他受到师生关系的牵连，一直避免跟他见面。1972年我们从"五七"干校回来，当时的气氛宽松了一些，有一次见到何祚庥同志，相互询问了这几年的经历之后，我问起于先生的情况，并请他转达我们的问候。时隔不久，有一天早上突然在我们住的集体宿舍楼道里见到了于先生，这太让我们意外了。七年不见了，突然见面，一时间不知道该从何说起。重逢的喜悦之后，我们在集体宿舍15平方米的小屋中聊了近两个小时，仍然意犹未尽。送他回去时，我们注视着他在蓝旗营站登上公共汽车，心中真是百感交集，止不住流下了激动的泪水。

改革开放后，我每年都会去看他。于先生居所简单、生活简朴，他隐姓埋名地为国家做贡献，无怨无悔，这让我深受感动。每次与他交谈，我都很愉快。虽然他没有讲什么大道理，可他质朴的话语总能让我受到教育，让我感到我无法与他的思想境界相比。

Q：从您和于敏先生的交往中，能够感到有一位良师益友，对自己的事业和人生是多么重要。那么您从于先生身上学到的最重要的品质是什么？

A：我非常荣幸能够在于先生手下工作，他的敬业精神、严谨的治学态度，以及他教给我们如何抓住物理本质的科研方法都深深地印在我的脑海里，时时鼓励着我向他学习。学习他淡泊名利，学习他诲人不倦，努力培养年轻一辈；学习他认真做好科研工作，为祖国的科研事业无私奉献的精神。

鼓励：女性要有更多的闯劲，勇于表达观点

Q：从您的讲述中我们感到，您的人生也遭遇过波折，但是您并没有因此停止思考。"文革"还没结束，您就从理论上预言了在超核中存在超对称态。促使您保持思考的动力是什么？

A：我想，从事科学研究，总要对科学本身怀有纯粹的兴趣，想着追求真理，而不带功利目的。我提出"在超核中存在超对称态"，就是基于这种兴趣。1975 年，邓小平同志出来主持工作，科研工作部分得到恢复，我们高兴得不得了，开始把原子核里头的自旋和同位旋的对称性推广到超核的自旋和三维的空间里头去，从而预言了超核里头存在着超对称态。在当时这完全是出于兴趣，没有利益驱动，也没想到会受领导重视。

我们很幸运。那时候中国刚跟西德（即联邦德国）建交，西德派了一位理论物理学家来中国访问，当时拿不出什么成果给他看，挑了半天，就把我们的工作拿过去。没想到他看了以后非常欣赏，在回国的飞机上就发了一封信回来，说我的工作具有国际水平。这样一来，领导就重视了。1980 年，我们写的论文被发表在美国科学院的学报上，这是我们第一次在国际刊物上发表论文。更幸运的是，我们的预言在第二年被美国的国家

实验室观测到了。

Q：这也成为您应邀去西德的研究机构做访问学者的契机吧，然后您就突击学了英语？

A：是的。不怕你笑话，知道确定要去西德工作半年的事情后，我很紧张，因为我基本不敢说英语。学还是不学，我的思想斗争很激烈。不学，等于放弃这个机会，挺可惜的；学吧，快 50 岁的人了，记忆力大大下降，而且我还是室里负责（人）。但所里支持我，我就突击学了三个月口语。我是上午上口语班，下午去办公室，晚上坐在家里背。人家背三遍能背会，我要背十遍、十五遍，一直背到晚上十一点。这期间，我一连丢了三把自行车钥匙，就是说脑子里装了这个就装不了那个。经过了三个月的突击学习，我不仅能用英语和人家交流，还能用英语做报告了。

Q：一般印象，科研领域男性比较多，而张院士作为女性，在几十年的工作当中有怎样的感悟和经验，能够分享给年轻的女性科研工作者吗？

A：这个问得特别好，我想专门对女同志多说几句。我觉得女同志不要没有信心，我们有很多长处是男同志所没有的，比如说细心、观察能力特别强、条理清楚、总结能力强。我举个例子。20 世纪 70 年代的计算机，要穿纸带打孔，我们组在这方面是最强的。因为女同志打的孔是绝对不会出错的，男同志做不到。我也有许多优秀的女学生和女同事，她们做得非常好。像我们高能所对撞机上的国际实验合作组发言人，就是我带的女博士后，她领导着来自 11 个国家、400 多人的专家团队，能力是很强的。

如果说值得改进的地方，那我觉得女同志需要多一点闯劲，胆子要大一点，敢于摆出自己的观点，多一点自信。我觉得女同志生来就缺这一点。这一点如果能克服，在某些地方会比男同志做得更好。

Q：您说得非常好！不过，女性可能会遇到跟男性完全不一样的困难，作为过来人，您是怎么克服的呢？

A：当然我承认，相对而言女同志会遇到更多困难。我从自己的经历中体会到，家里头的事女同志要承担得多一点，特别是怀孕期间最困难。但是你要相信困难是暂时的，怀孕不就九个月，生完孩子难带不就是头两年吗？这都是暂时的。可是工作和事业是终生的。你在困难的时候，一定不要把工作给断掉，否则很难再拾起来。即使你没有精力和时间去工作，但心里要想着这件事。只要你有不放弃事业的信念，困难都是可以克服的。也许有人说我这是唱高调，但我自己就是这么咬咬牙过来的。再说了，人生哪里总是顺顺当当的呀？如果什么事都不咬牙，你也做不出什么成就。

Q：您这一席话，对女性科研工作者是很大的鼓舞。那么最后，您对年轻人有什么期望吗？

A：钱三强先生在 1984 年给我写过几句嘱咐，我就把中间那句话给大家念一下。他说，"我们的优势是社会主义制度和集体精神，因此希望你们和你们的学生都能发挥这方面优势，后来者居上。我想这是老科学家对我们这一代的教导，也是对你们这一代的教导。我希望你们发挥自己的优势，能够使我们的事业走得更快、走得更好。"最后我就说两句，现在习主席和党中央都提出我们国家要在 2025 年成为科技强国。这需要大量的优秀人才，这个重任就落在你们身上了。这真是千载难逢的好机遇，可以大显身手，预祝年轻人在大潮中做出出色的贡献。我老了做不了什么事了，可还想保持一颗年轻的心，所以让我们一起加油吧！

（2017 年 10 月 9 日，北京大学）

赵鹏大：

要追求极致和完美，一定要做到最好

人物小传

赵鹏大，1931年生，辽宁清原人，数学地质、矿产普查勘探学家。1952年毕业于北京大学地质系，1958年获苏联莫斯科地质勘探学院副博士学位。中国地质大学教授，曾任中国地质大学校长。系统研究了矿产勘查中数学模型的应用，建立了矿产资源定量预测理论及方法体系。在对宁芜、个旧、铜陵及新疆等地区不同比例尺找矿统计预测方面，取得了明显效益，并建立了"矿床统计预测"新学科。1978年在我国率先开设"数学地质"和"矿床统计预测"等课程。代表作有《矿床统计预测》《地质异常成矿预测理论与实践》《非传统矿产资源概论》等。由于"在数学地质领域作为研究者、教育者及带头人的长期经历和突出贡献"，获1992年国际数学地质协会最高奖——克伦宾奖章。1993年当选为中国科学院院士。

第一次同赵鹏大院士接触的人，很难想象，面前的这位老人已然 86 岁高龄。用赵院士自己的话说，就是"坐姿端正、气血畅通、大步快行、昂首挺胸"。而 80 多年的人生经历，也证明了他是一位满怀家国情怀、坚持科学真理的优秀科学家。赵院士的经历和嘱托，必定能让年轻学子们得到一次心灵的洗礼。

自豪：我在金水桥边，亲眼见证了开国大典

Q：赵院士您好，我注意到您出生于 1931 年 5 月 25 日，出生地是辽宁沈阳。四个月后就是"九一八事变"，还在襁褓中的您就在父母的怀抱中被迫流亡。可以说您自幼饱经忧患，这样的童年经历带给您什么？

A：确实，我这一生也很坎坷，不是那么一帆风顺的。就像你所说，"九一八事变"后日本人侵占了东三省，那时候我才四个月大，父母抱着我入关逃难，辗转于河北、河南、四川等地，可以说是居无定所。但父母很重视我的学业，每到一个地方都千方百计要我上学。所以光小学我就念过五六个，断断续续的，但总归有书读。12 岁那年我离开父母，只身前往四川自贡，在国立东北中山中学求学。听名字就知道，这是一所专门接纳东北流亡学生的学校。条件跟今天是没法比的，吃饭基本没有菜，只好用辣椒粉搅拌盐粒，增加一点味道。

尽管生活艰苦，但学风很好。同学都是从东北逃难来的，深知读书的机会来之不易，拼命学习。师资力量也非常强。因为抗战全面爆发后，北方有很多名牌大学教授跑到四川，其中有一些来到我们学校。当时我们的

外语课、数学课、化学课，都是清华、北师大等高校的教授上的。你想，大教授给初中生上课，我的基础就是这时候打下的。

Q：也是在中学阶段，您树立了投身地质学的理想？

A：小学时我就对地质有兴趣。那时老师带我们参观过矿井、盐井，当时我就很好奇，为什么地下会有煤、有盐？高一时地理老师在课堂上讲，地质工作者不仅能发现地下哪里有矿，还能计算出有多少矿量，然后开采出来，造福人民。这就更引起了我的兴趣。从此，我立下了报考地质专业，为国家的地质事业做贡献的志愿。这里还有个插曲，我祖父不知道地质是什么，他还以为是看风水，所以极力反对我。好在我哥哥已经在北大念三年级了，他非常鼓励我。就这样，我于1948年考取了北京大学（简称北大）地质系，得偿夙愿。

Q：这样算起来，您是在北大迎接的中华人民共和国成立？

A：是的，而且我们不是待在校园里迎接，而是亲历了那样一个伟大的历史时刻！1949年10月1日，我们北大地质系的学生，有幸被安排在金水桥边，担任开国大典的督查任务。所以我是在金水桥边亲耳聆听毛主席的庄严宣告："中华人民共和国今天成立了，中国人民从此站立起来了！"现在回想起来，我仍然感到很激动、很荣幸。我可以很自豪地说："别人是通过影像资料了解的开国大典，而我就在现场！"

也是在1949年中华人民共和国成立的时候，我加入了共产主义青年团，随后于1952年毕业前夕，光荣加入了中国共产党。所以我一直说，在北大的四年学习不仅圆了我的地质梦，而且奠定了我的世界观、人生观和价值观。从此，我正确地选择了我的政治方向，奠定了我为人民事业、为祖国事业奋斗终生的志愿。所以我要好好感谢北大。

Q：母校塑造了人生，您感恩和回馈母校，这就是母校和学生之间的情义纽带。而且据我了解，在知识方面，您的收获也是多方面的？

A：确实是这样，我们那时候可不是死读书。除了非常棒的理论课，北大地质系还强调野外实习。过程当然十分艰苦，但我逐步适应了，这为今后开展地质工作打好了基础。我喜欢阅读的好习惯，也是在北大养成的。当时，我跟好几个同学热衷于写科普文章，在报纸和电台上发表。那你要写好文章，必须多读书思考，以至于我们在大二阶段，就已经广泛浏览了大三、大四甚至研究生阶段的专业杂志和书籍，还读了其他领域的很多书。这就锻炼了我的阅读能力和写作能力，让我至今受益。

Q：1954 年您前往苏联攻读研究生，在那里的学习情况是怎么样的？

A：我是公派留苏，师从莫斯科地质勘探学院院长雅克仁教授。雅克仁教授告诉我："要想成为一名优秀的矿床勘探学家，必须跑上 500 个矿床！"所以，留苏期间我利用每年的寒暑假，在苏联考察了数十个矿床，这极大地开阔了我的眼界。

Q：当时您提出提前回国，是出于什么考虑？

A：急于回国参加社会主义建设嘛。我向中国驻苏大使馆提出：只上课，不写论文、不要学位，缩短留学时间。但大使馆坚决不同意，要求我们"一定要作论文，一定要拿学位"。事实证明，大使馆的决定完全正确，是我把写论文看轻了。实际上，研究生写论文的过程，是深入掌握科学研究的过程：从收集原始资料、设计实验研究流程、选择必要与恰当的研究方法，到形成结论，这一套科学研究方法的训练与实践，恰恰是研究生最重要的学习内容。我后来认识到了这一点，认真地写论文、拿到博士学位才回国。

准则：天下难事必作于易，天下小事必作于细

Q：回国后您投身于地质勘探，做出了很多贡献。但也曾因为观念创

新，并且坚持己见，被批评为"标新立异"？

A：是有过这样的遭遇。地质学是一门有着数百年历史的学科，传统地质学主要是定性研究，地质学家大多通过观察、比较、历史分析等方法，定性描述地质现象和地质过程。这就导致一个严重的问题：很多实验结果不能准确重复和再现，许多理论不可证明。而这是有违科学原理的。我在留苏期间注意到，国外有地质学家开始引入数学，进行量化研究。受此启发，我在地质勘探中尝试运用概率统计，取得了一些成果，并发表在学术刊物上。这样，我就确定将定量地质学也就是数学地质学，作为我毕生的研究方向。

回国后，我开始推广数学地质学。1963 年，地质勘探人员在云南个旧锡矿进行勘探的过程中，碰到了一些复杂的条状矿体，很难勘查。我当时正患有髋骨软化症，严重的时候走路都困难。但我觉得这是一个证明自己理论的好机会，于是忍着剧痛，亲自前往考察。考察期间，我尝试用数学方法模拟勘探过程，提出了更合理、更节约的勘探方法。这在国内属于首创，没有人相信，但我的方法解决了问题。当然"文革"中我就倒霉了，说这是数字游戏，我是"标新立异"。一度研究不让我搞，书也不让我教，打发我去扫厕所。

Q：这对于 29 岁就晋升副教授的人来说，是一个很大的挫折。当遭到不公正对待的时候，您是什么反应？

A：我很平静，说这也机会难得，以前只是看别人扫厕所，现在轮到自己了，于是我回家拿了工具，把厕所的便池、地板、玻璃都擦得干干净净，我还挺有成就感的。1969 年我下放"五七"干校接受劳动锻炼，让我做各种各样的杂事。我烧开水，就研究如何节约煤；当炊事员，就研究如何做馒头。我烧开水、当炊事员也得到了成就感，因为我做得都比别人好。

　　我是想通过这段经历告诉年轻人，不管大事、小事，重要的事、不重要的事，都要努力做好，做到极致。人生中谁还不会遇到一点挫折？我们要逆境而上、克服困难，在逆境中往前走，不要企图一帆风顺，什么都给你准备得好好的，一点困难没有。不存在这么好的事情。所以当你只能干小事，比如扫厕所、烧开水的时候，不要灰心，而要继续努力，追求完美、追求极致。古话说"天下难事必作于易，天下小事必作于细"，小事也要干好、做出彩。这是我的人生准则。

　　Q：其实即便在人生的低谷期，您也没有放弃科研，还有了重大贡献，能说一说吗？以及是什么样的信念支撑了您？

　　A：我先回答信念问题吧，往大了说，就是一定要搞好中国的地质学，尤其是数学地质学。还有更具体的。我是国家公派留苏，当年算过一笔账，国家为公派生一年所花的费用，抵得上 800 个农民一年的劳动所得。所以我始终感到自己身上的责任重大，不敢松懈。1974 年下放结束，我调入华中农业大学。1975 年马鞍山铁矿出了问题：钻了上百个眼，但见矿率低，大量钻孔将报废。钻一个孔要几万甚至几十万，报废的经济损失很大，所以派我去想办法。我用数理分析方法找到了矿，避免了重大经济损失。同年，我主动要求去铜陵铜官山，并运用数学模型进行成矿预测，找到了新矿床。这让我更加坚定了数学地质学的作用。1978 年，我首次在国内为研究生和本科生开设"数学地质"课程，这标志着这一学科为我国地质界所承认和接受。

寄语：年轻人一定要有家国情怀

　　Q：接下来我想请赵院士谈一谈您的另一个重要身份——校长。您做了 20 多年大学校长，教育理念是什么？

A：1983 年 7 月，我出任武汉地质学院院长，作为学校的主要负责人，我经常思考学校的基本功能、办学目标、规划和发展思路。我提出高校应具有"培养人才、科学研究、服务社会、传承文化、引领时尚"等五项功能。1987 年，武汉地质学院正式更名为中国地质大学（简称地大），我提出要建设"现代型、开放型、国际型"三型大学的办学目标、增强学校"创造力、贡献力、影响力、竞争力"的四力建设。我在任期间因材施教，开创地球科学实验班，培养拔尖人才，较早建立双学位制，提出培养"爱国心与责任感强，基础理论强，计算机和外语能力强，管理能力强，创新意识和创新能力强"的五强人才等一系列办学理念。地大的校训也是我提的："艰苦奋斗，严格谦逊，团结活泼，求实进取。"这十六字校风也是地大精神最好的诠释。

Q：担任校长的同时，科研也没耽搁，这是难能可贵的。现在的年轻科研工作者，未来也可能走上行政岗位，想请教您：如何在做好行政工作的同时，不耽误科研？

A：这个问题特别好，有学者认为，你既然当校长，就应该全身心地当校长，教学和科研都停下。我恰恰相反，我是既当校长，又搞教学，也不耽误科研。我认为当校长不可以不搞学术、不搞研究、不搞教学，否则你怎么了解学科的发展动态？只有亲自教学、搞科研，我才能体会到教师想什么、学生需要什么，哪些需要修改、哪些需要发展。所以当校长的 22 年里，我在教学和科研上一点也没落下。我迄今（指 2017 年）培养了 151 名博士生，他们当中还有不少获得了全国优秀博士论文的荣誉。

当然我承认，都不耽误的前提是我付出了超人的努力。白天工作完，晚上我还要忙到凌晨两三点，双休日也不休息。需要强调的是，我不是鼓励年轻人开夜车啊。我今年（指 2017 年）86 岁，依然坐姿端正、气血畅通、大步快行、昂首挺胸。我有我的健身理念、强身之道，但每个人的状况不一样，不能强求。我表达的意思是，大家一定要勤奋。

Q：您一生历经坎坷，经历过抗战、中华人民共和国成立、改革开放，取得了辉煌的成就。回头总结经验，最想告诉年轻人的是什么？

A：我出生不久，家乡就被日本侵略者占领了，我从小就尝过"亡国奴"的滋味，知道国家富强对于人民有多么重要。所以我认为青年人一定要有家国情怀，家国情怀就是指一个人的使命感要强、责任心要重。我有这样的体会，我这一生坎坷艰难，酸甜苦辣、成败得失个个都经历过，我认为这些都是好事儿。最后我有十六个字送给大家："选好方向，逆境而上，完美为本，勤奋为纲。"要追求极致和完美，一定要做到最好。

（2017 年 10 月 11 日，北京大学）

欧阳自远：

要热爱国家，要把国家的命运当成自己的追求

人物小传

欧阳自远，1935年生，江西上饶人，天体化学与地球化学家。1956年毕业于北京地质学院，1961年中国科学院地质研究所研究生毕业。参加和负责我国地下核试验地质综合研究。提出铁陨石成因假说、吉林陨石的形成演化模式与多阶段宇宙线照射历史理论和地质体中宇宙尘的判断标志。提出地球核转变能演化模式，补充并发展了太阳星云化学不均一性模式，理论论证了中国 K/T 界面撞击事件。提出并证实新生代以来 6 次巨型撞击诱发地球气候环境灾变的观点。论证组成地球原始物质的不均一性、地球两阶段形成与多阶段非均变演化及对成矿与构造格局的制约。提出类地行星的非均一组成与非均变演化的理论框架。参与并指导中国月球探测科学目标与长远规划的制定，是中国月球探测计划的首席科学家。1991年当选为中国科学院院士。

满头白发、硬朗的身子骨，一亮相，欧阳自远院士就惊艳了所有在场学子。而他周身散发出的魅力，更是令人着迷。显然，这是一位有着浓郁的家国情怀，又深深沉醉于科学研究的顶尖科学家。虽然没有太多的豪言壮语，但是通过他对自身经历的讲述，我们分明能看到一位科学大师的高尚情操。

初心：唤醒沉睡的高山，为祖国献出宝藏

Q：欧阳院士，您的祖父、父亲和叔叔都是医生，您可以说是出生于医学世家，从小深受熏陶。但是考大学的时候，您选择了地质学。这方面的兴趣是怎么来的？

A：确实，我是医生世家出身，所以家里一直希望我学医：永远是小康以上水平的生活，日子过得很舒服。但是我从小喜爱天文学和化学，更重要的是，我们这代人怀着建设社会主义工业化国家的信念。20 世纪 50 年代初，国家就提出现在最需要的是矿产资源，号召年轻人"唤醒沉睡的高山，为祖国献出宝藏"。这句话打动了我。我觉得年轻人应该为国家的富强献力，所以我义无反顾地填报了北京地质学院（今中国地质大学）为第一志愿。我像古代那些考生一样，用根扁担挑着行李，走了三天的路，走到城里头考试。很幸运，我被北京地质学院录取了，那是 1952 年。

Q：我查过资料，当时的北京地质学院可以说是兵强马壮，师资力量很强。

A：对，北京地质学院是北京大学、清华大学、北洋大学、唐山铁道

学院这4个学校组成的，大师云集。这些老师都是世界闻名的，他们真的是言传身教，给予学生各种各样的帮助和引导。一个是学习上，带领我们进入了地球科学的宏大殿堂。我虽然只学了4年，但是基础是在地质学院打的，这对我一辈子的科研工作起到了奠基作用。另一个是做人，每个老师都是表率。他们教会我应该怎样做一个中国人。对此我深有感触，做人要真诚，要有宽大的肚量，要热爱自己的国家，把国家的命运、国家的需求当成自己永远的目标和追求，要跟着时代进步。所以至今回想起来，我仍然非常感激学校给予我的教育、给予我的培养。

Q：本科毕业后您考取了中国科学院第九研究所，当时的志向还是搞地质、学矿产学，但是当时发生的一件大事改变了您的人生。能谈一谈吗？

A：1957年10月4日，苏联第一颗人造地球卫星升空，宣布人类进入了太空时代。当时只有苏联和美国能够做这件事情，因为这是两个超级大国，他们为了争夺太空霸权，展开了激烈竞争。当时我们年轻的中华人民共和国刚刚成立，没有科学研究队伍、没有技术能力，只能旁观。但是我坚信，中国一定也会进入太空时代，因为这是人类共同的命运，是整个世界共同发展的前途，中国不会例外。虽然现在还不具备条件，但我们年轻人能不能为未来做一点准备呢？我就是抱着这么一个想法，去了解这件事的来龙去脉。

Q：但是相关信息很匮乏吧，您当时是怎么做的呢？相信这对年轻的科研工作者会有所启示。

A：我一方面去做综合分析，然后调查美国和苏联是怎么去搞太空技术的，他们做了些什么，计划是什么，为什么要这样搞，对于增强自己的国力、对于引领技术进步，究竟发挥了什么作用。这些好办，看书、调研就行了。但我毕竟是一个学地质的，天上的事情，我怎么做？幸好老天不辜负有心人，几乎每天都有东西从天上掉下来，那就是陨石。我可以去研究陨石嘛！

Q：科研工作，就是要这种"钻牛角尖"的精神。凭借对陨石的深入研究，您还破过好些"科学悬案"，能介绍一下吗？

A：我讲几个例子。1958 年全国大炼钢铁，广西南丹市的山上有一种铁矿石，放在小高炉里炼，怎么也熔不了，矿什么样子扔进去，出来还是这样。他们觉得奇怪，就把这种矿石拿到北京，来中国科学院寻找答案。我一看，这是天上掉下的陨石，是在行星体内部高温高压条件下铁和镍组成的合金。它已经炼过了，人类绝对熔不掉它。

1970 年，考古队在商朝的一座墓葬里面找到了几块青铜钺。商朝只能冶炼青铜，但是很奇怪，这些青铜钺的前端都嵌了一块铁片。这怎么可能呢？考古学家百思不得其解，后来送到我这儿来鉴定。我一看，这又是一种特殊的铁镍合金结构，是天上掉下来的，人类永远炼不出。是商朝人，把它放在炉子里面加热，让它变软，最后砸成铁片，嵌到青铜武器里头。聪明吧？

Q：知识的力量！您后来还运用自己对陨石的知识，为美国阿波罗号登月进行了"正名"，这是怎么一回事？

A：那是 1978 年，美国总统卡特为了炫耀美国人登陆月亮，送了一块样品给中国。当时的国家领导人就问，我们的科学家能确定这是月亮上的石头吗？问了高教部，他们说"我们没有科学家做"；问中国科学院，说"我们有一位先生专门做天上掉下来的东西"，那就是我了。

我有幸得到了这块石头，它黄豆般大小，重量一克。我下决心，只能用半克做研究。最后我们发表了 14 篇论文，全面证明它是阿波罗 17 号的样品，人家真的上了月亮，这是真的样品，没有作假。美国人也很惊讶。从外表看，月亮的石头跟地球的一模一样，所以美国人说中国人不简单。

剩下那半克，我给了北京天文馆，我说你们给全国人民看看什么是月亮（上）的石头。

感言：能满足国家的需要，我感到非常幸运

Q：熟悉您的人都知道，研究陨石、研究太空是您的"业余爱好"，您的本职是核物理。这是怎样的机缘呢？

A：这要从我研究生毕业说起了。那是 1960 年，侯德峰同志担任中国科学院地质与地球物理研究所所长，他把我调到身边做学术秘书。当时侯老提出了"核子地质学"，我不懂啊，侯老就把我送去中国科技大学核物理系学习。他要求我一年学完两年的课程，考试及格才能出来。幸好我完成了任务，后来又调到中科院原子能研究所做实验，也就是从事核物理的工作。

1964 年初，国家要找一个既学过地质又学过核物理的人，做什么？开展地下原子弹爆炸。这要求这个人一方面要懂地质学，知道地球的岩层结构，实验地点的地下水情况；另一方面，要学过核物理，有基础知识，懂核爆炸。当时全国大概就我一个，组织上找我谈话，让我带一支队伍，到新疆某块指定地区，确定地下原子弹试验的场地。其实我哪里懂啊！但是国家交给我的任务必须完成。我就自己慢慢学，在新疆一干十几年，结果还算不错。

Q：也就是说，您一边在找地下原子弹实验场地，一边在研究陨石。而后者是您自己给自己加的工作，不觉得辛苦吗？

A：辛苦肯定是辛苦的，但这两种工作都是国家需要。能满足国家的需要，我感到非常幸运。伟大祖国给我提供了这么好的条件，无论如何拼命我也得把它干出来。

Q：因为有研究核物理的经历，还帮助您找到了恐龙灭绝的证据？

A：原子弹爆炸最大的杀伤力是冲击波，而一个小天体撞地球最大的杀伤力也是冲击波，这就使我萌发出研究小天体撞地球的念头。恐龙灭绝不就是那一次撞击的结果吗？结果，我取得了恐龙灭绝的证据。是什么呢？灰尘。6 500 万年前，一个直径约 10 公里的小天体，撞击了墨西哥湾，撞出一个大坑，直径大概 200 公里。小天体粉身碎骨，弥漫起很多尘埃，笼罩地球。同时，撞击的高温点燃了森林，引发全球性森林大火。灰尘遮住了 90% 的阳光，地球变得黑暗、寒冷，光合作用停止，植物大批死亡，而以植物为食物的恐龙也大批死亡甚至灭绝。换言之，那些灰尘就是恐龙灭绝的证据。

问题在于，灰尘掉在陆地上，怎么找啊？我就想，总有一部分掉到海洋里，在海底沉积起来。所以我们去了西藏。为什么是西藏？学过地史学都知道，6 500 万年前西藏没有喜马拉雅山（脉），更没有珠穆朗玛峰，那时候那里是海。那些灰尘，就沉积为海底土壤。当西藏因为地壳运动被抬高后，这些土壤自然会露出水面。我在西藏取样研究，证实了这一点。

Q：您的科研经历给年轻人最大的启迪是：触类旁通、举一反三。还有四个字，叫作"功不唐捐"。您研究陨石，是为中国向外太空发展做准备。这个准备期有多长？

A：从 1958 年到 2004 年，历经 46 年的前期准备。在这漫长的时间里，我们踏踏实实地分析各个国家的月球探测进展，结合国情，提出来中国应该怎么走。我感到，中国不光能发射地球卫星，而且要离开地球。地球是人类的摇篮，但人类终将长大，离开摇篮，一步一步进入太空。中国人不能在这方面落后。所以从 1993 年开始，我积极呼吁政府启动探月工程。最终在 2004 年，国务院批准绕月探测一期工程立项，并正式命名为"嫦娥工程"。

Q：正式立项的那一天，您是什么心情？

A：记得那一天是大年初二，我带着 4 名学生，与探月工程总指挥栾恩杰一起下饭馆。我举起酒杯，用颤抖的声音说："所有努力都是为了今天，我们很幸运。"我确实很激动，因为我们终于盼到了这一天。

使命：心怀国家，胸怀全人类

Q：从科学的角度说，探月，更进一步说是进入太空，对于国家发展，有哪些推动作用？

A：这可太多了，我拿阿波罗计划来举例，它是人类有史以来最伟大的工程之一。当年美国人投资了 254 亿美元，按 2005 年的币值，我的计算（是）1 360 亿美元。这是当时规模最大、耗资最多的科技项目。参加阿波罗计划的有 2 万家企业、200 多所大学、80 多个科研机构，总人数超过了 40 万。

由于阿波罗计划，20 世纪六七十年代诞生了一大批新型的工业群体，包括液体燃料、火箭、微波雷达、无线电制导、合成材料、计算机，等等。它们带动整个人类的技术水平上升到一个新的台阶。阿波罗计划产生了 3 000 多个门类的新技术，包括航天、航空、军事、通信、材料、医疗、卫生、计算机，以及各种民用科技。我说一个最不入流的产品，尿不湿。（一开始）这是宇航员用的，现在我们中国的老人小孩都用。阿波罗计划的投入产出比是 1:14，取得了巨大的经济效益，带动了人类科学技术的蓬勃发展。

Q：也就是说，中国的探月计划，不仅是为自己，也是为全人类做贡献？

A：对，我们科学家就是要心怀国家，胸怀全人类。月球有丰富的能源，比如太阳能。我们在地球上也用太阳能，但是贡献太小了。因为地球有风雪雨霜的变化，又有那么多建筑物、人类活动、各种污染。太阳能的能量密度在地球表面非常小，而在月球上太阳直照，能量密度很大。如果能把月球的太阳能传输到地球，那我们人类的子孙万代，什么其他能源都可以不要，只用最清洁的太阳能就够了。这是全人类共同的利益。

Q：您今年（指 2017 年）已经 83 岁了，却还在科研道路上奋斗，不愧为年轻人学习的榜样！对年轻人，您有什么寄语吗？

A：我们这代人最重要的任务是培养出一支队伍来，不能靠我们这些老头，我们都七老八十，干不了多久了。所有的希望在年轻一代里。我最欣慰、最高兴的是，通过嫦娥工程，培养了一支庞大的、年轻的、有作为的科技队伍。现在 90 后也接班了，以后要靠 00 后了，所以我觉得我们国家是大有希望的。

（2017 年 10 月 17 日，中国地质大学）

后　记

　　"院士回母校"活动是教育部关工委联合中国工程院科学道德建设委员会、中国科学院学部科学道德建设委员会开展的一项思想政治教育品牌活动。活动通过邀请两院院士回母校，与在校大学生面对面分享敬业报国、追梦筑梦、奋斗圆梦的故事和感悟，引导大学生树立正确的人生观、价值观和择业观。

　　2016 年至今，"神舟号"飞船首任总设计师戚发轫、"中国核潜艇之父"黄旭华、"嫦娥之父"欧阳自远等百余位两院院士相继受邀回到母校参加"院士回母校"活动，用亲身经历为在校大学生上了一堂堂生动鲜活、富有感染力的思政大课。为使更多学生感受到院士强大的人格魅力，教育部关工委精选了 30 位院士的奋斗故事，编辑出版了本书。

　　本书的出版得到了广西师范大学出版社的大力支持，在此表示衷心的感谢。

教育部关心下一代工作委员会

二〇二一年四月

图书在版编目（CIP）数据

院士说：照亮／教育部关心下一代工作委员会编. —
桂林：广西师范大学出版社，2021.4（2022.8 重印）
ISBN 978 – 7 – 5598 – 3658 – 8

Ⅰ. ①院… Ⅱ. ①教… Ⅲ. ①院士－访问记－中国－
现代 Ⅳ. ①K826.1

中国版本图书馆 CIP 数据核字（2021）第 049486 号

院士说：照亮
YUANSHISHUO：ZHAOLIANG

出 品 人：刘广汉
策划编辑：刘美文
责任编辑：周 伟 李 梅
封面设计：李婷婷
广西师范大学出版社出版发行

（广西桂林市五里店路9号　　　邮政编码：541004）
（网址：http://www.bbtpress.com　　）

出版人：黄轩庄
全国新华书店经销
销售热线：021 – 65200318　021 – 31260822 – 898
山东韵杰文化科技有限公司印刷
（山东省淄博市桓台县桓台大道西首　邮政编码：256401）
开本：690mm×960mm　　1/16
印张：15.25　　　　　　字数：200 千字
2021 年 4 月第 1 版　　2022 年 8 月第 2 次印刷
定价：42.00 元

如发现印装质量问题，影响阅读，请与出版社发行部门联系调换。